BEATS of KOREA

[ビーツ・オブ・コリア]

いま伝えたい
ヒットメイカーの言葉たち

MASAYUKI FURUYA
古家正亨

KADOKAWA

OPENING TALK
はじめに

여러분! 안녕하세요? 皆さん! こんにちは。
古家正亨です。

はじまりました『BEATS of KOREA』。僕、古家正亨が、四半世紀に渡って関わってきた、お隣の国「韓国」のエンタテインメントの鼓動……「ビート(Beat)」、その魅力を紹介していきますよ。

2003年に、ドラマ『冬のソナタ』がNHKのBSで放送され、その年の年末から始まった〝ヨン様（『冬のソナタ』主演のペ・ヨンジュンさんの人気から、当時流行していた〝様〟付けブームにあやかり呼ばれていた、日本ならではのニックネーム）ブーム〟、〝『冬ソナ』ブーム〟。2024年の今でこそ韓国カルチャーは、ブームを超え、文化として1つのジャンルを形づくり、定着していますが、当時、欧米に対する憧れが圧倒的に強かった日本において、この一連の韓国カルチャーの人気、いわゆる「韓流ブーム」が起こるなんて、正直、誰も想像できなかったと言っていいでしょう。そして、20年たった今、特に若者たちの間では、「韓国」そのものが憧れの対象となり、その人気はエンタテインメントの枠を超え、食、ファッション、ライフスタイルに至るまで、あらゆる分野において、その影響力を及ぼすまでになりました。

ハッキリ言って、つい数年前までは、僕らの業界、つまりマスメディアに関わる人たちの多くが、韓国を見下し、僕がこうして韓国のエンタメの魅力を伝える仕事をしていても、「韓国の何が良いの?」とか「K－POPなんて洋楽やJ－POPのパクリじゃん」などと、他人事のように言っていたんです。それがここ数年で、手のひらを返したように、「韓国良いよね！」、「Ｋ－ＰＯＰ良いよね！」って……。もちろん、ここ数年の間に起こった、韓国エンタメを取り巻く「変化」……「変化」というより「成熟」は、これまで関心のなかった多くの人を魅了するほど、より洗練されたからこそ、これだけの支持を得られたのだとは思いますが、それにしても……っていう思いもあって。

でも個人的には、「韓国のエンタメって良いでしょ？」って、少しでも多くの人にわかってほしくて、こうして、番組まではじめて伝えてきた訳ですから、素直に、この状況を喜んだ方が、本当はいいんでしょうね。

今日は、そんな韓国のエンタテインメントについてＫ－ＰＯＰの話題を中心に、僕目線で、その魅力を多角的に紹介していこうと思っています。

あ、そうそう、その前に、僕が何者かを簡単に説明しておく必要がありますよね？名前は古家正亨（ふるや　まさゆき）。よく「落語家さんですか？」って言われるんですけど、亨という字を、亭と読み違える人が多いので、そう思われるのかも知れません。当然、お師匠さんはおりません……。ただ、確かに、簡単に読んではもらえない名前なので、「改名した方がいいのでは?」と何度も提案されましたが、せっかく親からもらった名前なので、そのまま使っています。でも現場では、今でもよく漢字を間違えられますし、名前の部分になると「ふるや　○×△※さん」ってごまかされることも、しばしば……。

そんな僕ですが、運あって大学3年生の時にラジオDJデビューし、その後カナダ、韓国への留学を経て、2000年から、韓国のエンタメに関わる仕事をしています。2003年にソウルで行われたペ・ヨンジュンさんのファンミーティングの司会以降、韓流・K－POPのイベントのMCや、テレビ・ラジオでその魅力を紹介したり、本を書いたりと、これまでの人生、韓国のことを中心に、歩んできた感じです。なので、人は僕のことをよく「日本におけるK－POPのパイオニア」とか「韓国エンタメの伝道師」などと呼んでくれるのですが、たまたま、そういうことをしている人が少なかった時代に、ただ好きで紹介していただけなので、ありがたいとは思いますが、そう言われると、未だにくすぐったいと言えばいいでしょうか。自分ではそう思えないんですよね。

この番組では、普段なかなかじっくりお話しできなかった、僕が感じた韓国や韓国のエンタメの魅力を、素敵な音楽と、あなたからの質問、そして、今僕が一番会いたい人をゲストに迎えて、ここでしかできないお話を、たっぷりお届けしていきたいと思います。では今日も最後までお付き合いください。

오늘도 후루야 마사유키 와 함께 해주세요！（今日も古家正亨とお付き合いください！）

007　　0:00　OPENING TALK　はじめに

BEATS of KOREA

いま伝えたいヒットメイカーの言葉たち

番組進行表（目次）

日時：04月02日 OA

DJ：古家正亨

お疲れ様でした！

ブックデザイン　chichols（山田知子）
装画・イラスト　もんくみこ
写真　古家正亨
　　岡田沙耶
　　ＫＡＤＯＫＡＷＡ編集担当
校正　高橋早奈子
ＤＴＰ　佐藤史子
協力　韓流20周年実行委員会

0 : 05

TALK ABOUT K-POP

TALK ABOUT K-POP

K-POPについて話しましょう!

さて、ここからは古家目線でK-POPについて語っていこうと思います。最近になってBTS（防弾少年団）やBLACKPINKなどグローバルで活躍しているK-POPアイドルを介してK-POPにハマった方が多いと思いますが、このような人気にたどり着くまでには、多くの関係者が試行錯誤を繰り返しながら、時間をかけてようやく今に至っているんです。そこで……2023年は韓流上陸20周年という節目の年だったので、僕が一生懸命K-POPの魅力を伝えようとしていた20年前の2003年と、2023年のK-POPシーンを数字で比較して、何がどう変わったのかを当時のエピソードを交えて紹介していきたいと思います。

20年前の韓国音楽界ってどうだったの？

さて、オープニングでもお話ししたように、2003年にドラマ『冬のソナタ』が日本上陸を果たしてから20年が過ぎました。とは言っても韓国のエンタテインメントの日本上陸でいうと、正確にはもっと前からですが、その起源をどこに置くのかは、何をもって〝韓国のエンタテインメント〟の上陸と定義するのかによって大きく変わってくるので、ここではあえて2003年で統一していきたいと思います。というのも、映画『シュリ』のヒットやBoAさんの日本デビューはそれ以前の話でもあるので……。

とにかく韓流という言葉が日本で定着し始めたのは、2003年からであることは間違いありません。そんな20年前の韓国の音楽シーンって、どんな感じだったのか……。気になりませんか？　そこで、ここでは20年前、つまり2003年の韓国の音楽シーンと2023年のそれとを比較して、この20年でどんな動きがあったのかを調べてみたいと思います。ちなみに、2002年は、サッカーワールドカップ日韓共催の年だったこともあり、両国で一時的に、それぞれの国のエンタテインメントに注目が集まった1年となり、マスメディアでも、かなりその情報が取り上げられましたが、ワールドカップが終わった瞬間、まるで引き潮のようにサーっと、メディアで韓国関連の情報が取り上げられなくなりました。その直後に、まさか「韓流ブーム」が起こるなんて、誰が想像できたでしょうか。

2003年の韓国の音楽界は、**「イ・ヒョリの大ブレイク」**に尽きると思います。イ・ヒョリさんって、ご存じですか？　多分、今の韓流・K－POPファンには、バラエティ番組『ヒョリの民宿』の女の人っていうイメージが強いかもしれませんね。彼女の名前が冠された番組や企画も多いので、ご存じの方も多いかもしれませんが、女性アイドルグループ第1世代の人気者だった「F.i.n.K.L（韓国語的な発音はピンクル）」のメンバーで、その中でも最も人気があった存在です。「F.i.n.K.L」って活動当時は清楚なイメージが強かったんですが、ソロ活動で彼女が打ち出したコンセプトは、日焼けした小麦色の肌に、安室奈美恵さんを意識したファッションに身を包み、ジェニファー・ロペスさんを意識したダンスとミュージック・ビデオで、クール&セクシーを標榜《ひょうぼう》したもので、世の男性たちを虜にしました。彼女はこのイメージチェンジの成功をきっかけに、セックス・シンボルとして、そしてポップ・アイコンとして圧倒的な人気を誇ることになったんです。ただ、タレントとしての評価が高かった一方で、音楽性に対する評価は低く、音盤売り上げは14万枚で年間15位（以下売り上げ順位で記載のないものは全て、韓国音盤産業協会調べ）という結果に終わってしまいました。

対照的なのが、女性ヴォーカルグループ**「BIG MAMA」のデビューと大ヒット**です。韓国で「文化大統領」と言われ、90年代、社会現象を巻き起こす人気を得たグループ「ソテジ・ワ・アイドゥル」出身で、後にBIGBANGや2NE1、BLACKPINKを誕生させた、YGエンタテインメント（以下YG）創業者のヤン・ヒョンソクさんが、「絶対に整形手術をしないことが条件」として4人の実力派女性シンガーを集め、R&Bヴォーカルグループとしてデビューさせたのが彼女たちでした。外見至上主義の韓国芸能界で、音楽性だけで勝負した結果、意外にも高い評価を得て、韓国でも音楽だけで勝負できるということを証明した存在として、長く語り継がれています。特に、彼女たちのデビュー曲「Break Away」のミュージック・ビデオは、クラブで歌う美しい4名の歌姫たちが、じつは口パクで、実際には、その後ろでＢＩＧ ＭＡＭＡのメンバーが歌っているという姿を捉えた、韓国芸能界の内情を如実にあらわした傑作として、この年の「ｍ・ｎｅｔ ｍｕｓｉｃ ｖｉｄｅｏ ｆｅｓｔｉｖａｌ（現ＭＡＭＡ〈Ｍｎｅｔ Ａｓｉａｎ Ｍｕｓｉｃ Ａｗａｒｄｓ〉）」で最優秀ミュージック・ビデオ作品賞を受賞しています。多分、今の時代ではこのような作品は差別的だとして、制作できないのではないでしょうか。まさに時代を反映した作品だと思います。ＹＧといえば、この年、後にピ（ＲＡＩＮ）さんと共に、男性ソロ歌手の時代を築くことになったSE7ENさんをデビューさせ、新人賞を総なめすることに成功しています。デビューアルバムも年間売り上げ10位を記録して、華々しいデビューを飾りました。

また、２００２年のサッカーワールドカップ日韓共催の際、日韓の人気アーティストによって結成されたユニット、「ＶＯＩＣＥＳ ＯＦ ＫＯＲＥＡ／ＪＡＰＡＮ」のメンバーとして韓国側から参加した「ＢＲＯＷＮ ＥＹＥＳ」が仲違いで解散後、メンバーの1人だったナオルさんが新たに立ち上げた4人組ヴォーカルグループ

「BROWN EYED SOUL」の第1集（韓国ではアルバムのカウントの際、第○集という言い方をしています）もヒットを記録。フィソンさんや先に挙げたSE7ENさん、BIG MAMAを含め、当時は**R&Bが、ジャンルとしては韓国の音楽市場を席巻**していたんです。

一方で、**ベテランが力を発揮した年**でもありました。「韓国のスティービー・ワンダー」と言われ、95年にリリースされた3rdアルバムが（海賊版を含むと）500万枚以上売ったとされる、国民歌手でシンガーソングライターのキム・ゴンモさんの8thアルバム『Hestory』が52万枚も売れ、年間セールス1位を記録。また「バラードの王子」と言われた男性シンガー、チョ・ソンモさんの5thアルバム『歌人』が約40万枚売って年間3位に。ちなみにこのアルバムには、98年の日本の大衆文化開放前から韓国で絶大な人気を誇っていた「X JAPAN」のYOSHIKIさんが曲を書き下ろし、チョ・ソンモさん自身が作詞を手掛けた「君だけだから」という今となっては伝説的な曲も収録されています。

さらにZARDの「GOOD DAY」をカヴァーした「GOOD BYE」がタイトル曲

として話題となった4．5thアルバム『Sweet Holiday in Lombok』が22万枚を売り年間9位、5thアルバム『This Time』を43万枚売り年間2位と、同じ年に2枚のアルバムを年間トップ10に送り込んだ、「バラードの女王」と呼ばれた女性シンガー、イ・スヨンさんが「不況知らずの歌手」と言われ、安定的な人気を誇っていました。その後、彼女は翌2004年に日本進出を果たしましたが、「最後のわがまま」というシングル1枚をリリースしただけで、日本活動は終了してしまいました……。当時、いろいろとその現場に立ち会っていたので、思い出しただけで胸が痛いです……。

このように、R&B以外で言うと、いわゆる「韓国バラード」と言われる歌謡曲と、日本で言う演歌（韓国的に言うとトロット）の中間的なジャンルの楽曲が、音楽市場を牽引する存在になっていたんです。

2003年 m・net Music Video Festival　主な受賞者

最優秀作品賞	BIG MAMA 「BREAK AWAY」
最優秀監督賞	チャン・ジェヒョク（장재혁）「BREAK AWAY」
最高人気ミュージック・ビデオ賞	イ・ヒョリ（이효리）「10MINUTES」
男性新人部門	SE7EN「와줘（COME BACK TO ME）」
女性新人部門	MAYA 「진달래꽃（Azalea）」
新人グループ部門	BIG MAMA 「BREAK AWAY」
男性ソロ部門	フィソン（휘성）「WITH ME」
女性ソロ部門	イ・スヨン（이수영）「덩그러니（Solitary）」
男性グループ部門	SHINHWA 「너의결혼식（Wedding）」
女性グループ部門	JEWELRY 「니가 참 좋아（I Really Like You）」
混合グループ部門	KOYOTE 「비상（非常）」
ロック部門	CHERRY FILTER「오리날다（Flying Duck）」
ヒップホップ部門	キム・ジンピョ(김진표)「악으로 (With a Dogged Spirit)」
バラード部門	チョ・ソンモ（조성모）「Piano（피아노）」
R&B部門	FLY TO THE SKY 「MISSING YOU」
ダンス部門	BoA 「ATLANTIS PRINCESS」

2023年MAMA（Mnet Asian Music Awards）　主な受賞者

Worldwide Icon of the Year	BTS
Album of the Year（今年のアルバム）	SEVENTEEN 「FML」
Song of the Year（今年の歌）	NewJeans 「Ditto」
Artist of the Year（今年の歌手）	NewJeans
Best New Male Artist（男性新人賞）	ZEROBASEONE
Best New Female Artist（女性新人賞）	tripleS
Best Male Group（男性グループ賞）	SEVENTEEN
Best Female Group（女性グループ賞）	NewJeans
Best Male Artist（男性歌手賞）	BTS ジミン
Best Female Artist（女性歌手賞）	BLACKPINK ジス
Worldwide Fans' Choice	TOMORROW X TOGETHER、BTS、ZEROBASEONE、ENHYPEN、イム・ヨンウン、ATEEZ、NCT DREAM、Stray Kids、SEVENTEEN、TWICE

韓国音盤産業協会発表　2003年年間総合音盤販売量

順位	アルバム名	歌手名	販売量
01	キム・ゴンモ第8集	キム・ゴンモ	529,416
02	THIS TIME	イ・スヨン	435,904
03	歌人	チョ・ソンモ	398,541
04	フィソン第2集	フィソン	368,431
05	BoA第3集	BoA	345,313
06	LIKE THE BIBLE	BIG MAMA	323,019
07	KOYOTE第5集	KOYOTE	293,546
08	BROWN EYED SOUL第1集	Brown Eyed Soul	261,128
09	Sweet Holiday in Lombok	イ・スヨン	224,525
10	SE7EN第1集	SE7EN	212,317

サークルチャート発表　2023年年間総合音盤販売量

順位	アルバム名	歌手名	販売量
01	10th Mini Album / FML	SVENTEEN	5,546,930
02	★★★★★ (5-STAR)	Stray Kids	5,246,998
03	11th Mini Album / SEVENTEENTH HEAVEN	SVENTEEN	4,807,288
04	樂-STAR	Stray Kids	3,992,703
05	ISTJ - The 3rd Album	NCT DREAM	3,369,118
06	이름의 장 : TEMPTATION	TOMORROW×TOGETHER	2,868,866
07	이름의 장 : FREEFALL	TOMORROW×TOGETHER	2,352,891
08	GOLDEN	JUNGKOOK	2,208,348
09	MY WORLD - The 3rd Mini Album	aespa	2,050,530
10	YOUTH IN THE SHADE	ZEROBASEONE	2,037,790

Ranking System : Album distribution volume (Shipments – Returns). (TAPE, LP, CD, USB, KiT, Platform Album, etc.)

こうして2003年の音楽シーンを数字的な部分で振り返ってみると、**圧倒的にソロアーティストの力が強く**、アイドルの名前がチャートの上位にはほとんど存在しませんよね。そう、20年前は、韓国の音楽界においてアイドルはまだまだ市場の主導権を握った存在ではなかったんです。

ところが2023年の韓国の音楽シーンは、音盤売り上げで言えば、SEVENTEENの10thミニアルバム『FML』の554万枚、StrayKidsの3rdアルバム『★★★★★（5-STAR）』の524万枚（2023年）を筆頭に、500万枚越えのアルバムが2作品、そして上位トップ10内のアルバムは全てアイドルグループの作品が占め、しかも、いずれも上位34位までが100万枚越えという当時と比較にならない数字を達成しています。日本の場合、音盤の売り上げは右肩下がりになっている一方で、韓国は、韓国のセハン情報システムズ社が1998年2月に世界で初めて発売した「mpman」というMP3プレイヤーの登場とその人気の拡大によって、2001年以降いったんその売り上げが下がった後、2010年頃（KARAや少女時代の日本上陸によるK－POP人気の本格的な始まりと同じ時期）から再び売り上げが上昇に転じ、2023年に過去最高の売り上げ枚数を記録する年になったんです。またMnetのアワード受賞者ラインナップを比較してみても、2023年の結果は、**受賞者のほとんどがアイドルグループ**（もしくはメンバー）で、ソロの歌手の名前がほとんど見られません。

このようなデータから見てわかるのが、この20年の間に、韓国では、ソロのアーティストの売り上げが落ち込み、その分、アイドルグループが着実に売り上げを伸ばし、その地位を確立したということ。そして、音盤の売り上げが驚異的な伸びを見せているということです。

もちろん、その背景には、アイドルグループの日本をはじめとしたグローバルな活躍によるファンダムの急拡大と、それに伴う、音盤のグッズ化による売り上げ増というものがあるわけですが、とは言っても、この勢いの凄さは誰の目で見ても感じられますよね。つまり、K－POPアイドルたちの人気の拡大とその地位の確立が、韓国の音楽産業そのものの救世主となったことは言うまでもないでしょう。ただ、その偏ったアイドル人気は、ソロのアーティストたちの（売り上げ面での）活躍の場を奪ってしまったことも指摘しておかなくてはなりません。

ＯＳＴについて

僕がＭＣの１人を務めている、音楽番組『ＭＵＳＩＣ ＬＩＳＴ －ＯＳＴって何？－』（ＢＳフジ）。韓国ドラマの魅力の１つである、**「ＯＳＴ（オリジナル・サウンドトラック）」**に専門的にスポットをあてた番組がこれまでなかったということで、当初は特番として始まったものの、好評につきレギュラー化されたんですね。

日本でも人気の俳優さんやＯＳＴを実際に歌っている歌手の方にもご出演いただいて、ＯＳＴに関するお話をたくさん伺いました。印象的な話を１つ２つ挙げると、俳優の皆さんは、台本には「ここでＯＳＴが流れます」というト書きが書かれていないので、放送を見て、初めて「ここで音楽が流れるんだ」と知ることがほとんどなんだそうです。それでありながら、それらの場面で流れる曲の歌詞が、まるで画面に出ているキャラクターの心情を吐露する台詞のような感じなので、**ＯＳＴは〝第二の台詞〟**という言葉があるほど、韓国ドラマにおいて欠かせない存在になっているというお話。それから、俳優さんで実際に歌っている方々は、自分の声で、自分の心情を歌で伝えられる良さがＯＳＴにはある一方、自分の歌は、あまり使って欲しくはなく、歌手専業の方に歌って欲しかったという人もいるなど、俳優さんによっては、自分がＯＳＴを歌うことに、否定的な意見を持っている人もいるということを知れたことができたり……と、この番組に出演できたことで、ＯＳＴと俳優さんとの関係性を理解できたことは大きな財産になりました。

そして、実際に歌手の皆さんがＯＳＴを歌う際には、歌手としての自分の世界観をあえて出さずに、ドラマ、そして、そのシーンに合った歌い方で歌わなければならないことに、一番気を遣っているという話を聞き、自己主張してなんぼの歌手の世界で、それを抑えながら歌うことの難しさを知ることができたのも、この番組を介して得た知識の1つです。ただ、諸事情により、レギュラー番組としてはその歴史に幕を閉じることになりました。人気がなくなったというわけではなく、番組として成立させるためには、さまざまな問題をクリアしなければならなかったという事情もあります。一言で言うと、韓国コンテンツを扱う番組は、韓国関連企業以外だとスポンサーがつきにくいということもありますし、韓国企業としては韓国を全面に出す番組よりも購買層の広がりが期待できる番組のほうをスポンサードしたがるので、現実は厳しいんですよね。

さて、スポンサーの話はこの辺りにして……、OSTについてまずは説明しなくてはなりませんよね。日本では「サウンドトラック」、略して「サントラ」と呼ばれることの多いこのOSTですが、日本でもすっかり「OST」といえば、何の事か理解してくれる人が増えたような気がします。

堅い話になりますが、そもそも映像と音楽との歴史は古く、初めて映像作品のためのオリジナル音楽が作られたのは、組曲「動物の謝肉祭」や交響詩「死の舞踏」などで知られる、フランスの作曲家であるシャルル・カミーユ・サン＝サーンス（1835－1921）による1908年に公開された『ギーズ公の暗殺』という映画のための音楽だったそうです。まだまだ理解されていなかった映画という文化に対する関心を高めるために、当時、作曲家として確固たる地位と名声を得ていたサン＝サーンスさんに音楽を提供してもらうことで、映画の価値を高めようと考えた結果だったそうです。このように、映画やドラマなどの映像作品の価値をより高めるため、そして、主人公たちの感情表現をより巧みに表現するための術として、100

年以上も前から、映像と音楽の関係は重要であったわけです。

そこから一気に時は流れ、韓国でのその歴史はというと……1976年夏に公開されたアニメーション映画『ロボットテコンV』が、韓国におけるオリジナルOSTの元祖と言われていますが、OSTとして脚光を浴びることになったのは、93年公開の映画『風の丘を越えて/西便制《ソピョンジェ》』のOSTでした。韓国の伝統芸能・パンソリをテーマに描いた名作で、「西便制シンドローム」を巻き起こす大ヒットとなりました。ある意味「音楽映画」と言っていいでしょう。この作品のおかげでパンソリに対する社会の関心が高まったとされています。この音楽を担当したのが、韓国を代表するシンガーソングライターのキム・スチョルさんで、彼が手掛けたこのOSTは、当時、海賊盤を含めると100万枚を超える大ヒットになりました。

正確なセールス面で言うと1997年に公開された、ハン・ソッキュさん、チョン・ドヨンさんという「国民俳優」が主演の映画『接続 ザ・コンタクト』のOSTが、80万枚のセールスを記録し、韓国国内のOST販売量の記録を保持しているんです。ただ、主題歌はオリジナル曲ではなく、アメリカを代表するジャズ・ヴォーカリストであるサラ・ヴォーンの代表曲「A Lover's Concerto」だったんですね。日本でもおなじみのこの曲ですが、この映画をきっかけにＣＭやテレビ番組のＢＧＭにもかなり使われることになり社会現象になったほどです。

僕が以前、自分の著書『Ｄｉｓｃ Ｃｏｌｌｅｃｔｉｏｎ Ｋ－ＰＯＰ』（シンコーミュージック刊）でも紹介しているように、映画『八月のクリスマス』や『春の日は過ぎゆく』『ラストプレゼント』などの音楽監督を手掛けている韓国を代表する作曲家のチョ・ソンウさんとのインタビューで監督は、

当時（２０００年代前半まで）は、韓国の映像クリエイターたちは、作品を構成する「音楽」に対する関心が低く、音楽に対する予算や時間の費やし方は、残念ながら他国の比にならない。そのため、ＯＳＴは蔑《ないがし》ろにされる傾向が強かった。歌い手の多くは無名、もしくは新人の歌手。作曲家は安い金額で楽曲を買い取られ、当然レコーディングにかけられる時間も少なかった。放送と撮影がほぼ同時進行していく環境の中で、映像に合った音楽を作れる余裕すらなかった。

と指摘しています。ですから、当初は少ない予算で良質な音楽を届けるために「ＯＳＴ歌手」と呼ばれる、正規デビューしていないものの歌が上手い人や、顔の見えない新人歌手たちを活用して、**厳しい環境の中、ＯＳＴが制作されていたんですね。**

また、2000年公開の映画『シュリ』の成功以降、ハリウッド型のブロックバスター作品の制作が韓国では相次ぎましたが、それに合わせてOSTも、いわゆる『トップガン』型と言われる、劇伴ではなく歌唱楽曲を中心とした、オムニバスアルバム形式のものが増えていくことになります。そういった中で、書き下ろしの映画主題歌として初めて大きなヒットとなったのが、2001年に公開された映画『猟奇的な彼女』のOSTから生まれた「バラード界の皇帝」と呼ばれる韓国を代表するシンガーソングライターのシン・スンフンさんが歌う「I Believe」でした。

とはいっても、まだまだOSTを取り巻く環境は、決して良いものではなかったわけですが、そんな環境を大きく変えたのが、まぎれもなくドラマ『冬のソナタ』のOSTヒットだったわけです。

2003年4月にNHK BS2で放送されたドラマ『冬のソナタ』ですが、そのOSTとして日本で同年の9月に発売された『冬の恋歌（ソナタ）オリジナル・サウンドトラック完全盤－国内盤－』（ユナイテッド・アジア・エンターティメント）は、オリコン基準で91万枚の売り上げを達成して、さらにこれに便乗する形でリリースされたさまざまな企画盤を合わせると『冬ソナ』関連で150万枚の売り上げを記録するほどのヒットとなりました。それまで蔑ろにされていたドラマや映画の音楽が、OSTという形で大きなビジネスになることを、日本で、『冬のソナタ』が証明したわけです。特にテーマ曲のRyuさんが歌った「最初から今まで」は、イントロを聴いただけで、主演の2人の姿が目に浮かぶほど、印象に残る楽曲だといえるでしょう。ところがこの「ヒットのため」に、日本における韓国の音楽の広まりはむしろ停滞してしまうことになります。

音楽著作権を管理する日本のJASRAC（日本音楽著作権協会）と韓国のKOMCA（韓国音楽著作権協会）は、2007年12月31日まで相互管理契約を結んでいなかったので、しばらくの間、日本で使われる**韓国楽曲の著作権の扱いが曖昧なまま**だったんです。ちなみに、この相互管理契約というのは、相手団体の管理著作物の利用について、自国において相手団体に代わって管理（許諾と使用料の徴収・分配）するものですが、日韓の間ではテレビやラジオといった放送媒体やカラオケで使用された際に発生する著作権や著作隣接権の使用料の徴収と分配を誰がするのか曖昧なままだったということになります。なぜ曖昧だったのかといえば、当時、韓国国内の著作権の扱いが雑だったこともあり、本当はありえない著作権の二重契約や謎の権利者不在楽曲、日本ではほぼありえない、音楽出版社を通さない個人登録がKOMCAでは多かったため、JASRACがそういった楽曲の確認と管理を躊躇《ためら》い、二者間の相互管理契約に至らなかったのです。

ところが、『冬のソナタ』のOSTヒットによって、韓国楽曲が「金のなる木」になった瞬間から、JASRACとKOMCAが相互管理契約を結んでいない状況を把握した謎の団体が次々と現れ、自ら著作権管理をしていると申し出るようになったわけです。それがいわゆる「冬ソナ訴訟」と言われているものにつながります。

これは、日本で韓国の楽曲の著作権を管理するアジア著作協会という名の会社が、大手カラオケ業者の第一興商を相手に、約9億7500万円の損害賠償を求める訴訟を2004年10月15日までに、東京地裁に起こしたというもので、『冬のソナタ』の主題歌をはじめ、1700曲以上の韓国楽曲に対する著作権侵害訴訟として、当時大きなニュースになったんですね。結果は、第一興商が、一部を容認し（この曲を含む大半については請求を退けましたが）容認された分の著作権料を支払うことになったんです。

ただ、これは仕方なかったといえます。実際、日本における音楽著作権を管理している団体がなかったため、韓国の権利者が、どこかの団体にその管理をゆだねるのは当然です。そうしなければ、日本で発生する著作権料は、どこかにプールされた状態で、支払いたくても支払えない状況なのですから。さらに「その分をください。権利者から頼まれたので……」と言われれば、支払い義務が発生します。問題は、その管理にあたって本当にその権利のある人から預かったものだったのか。「権利を持っています」と言っている人が、本当に持っているのかという曖昧な権利も多かったため、日本側との事前交渉が不調に終わっていたことが、このような訴訟にまで発展してしまった要因でもあったんです。その結果、「韓国の音楽は面倒くさい」という印象が業界内で定着してしまい、日本民間放送連盟も加盟各社に「韓国楽曲について」という文書を発表。「こういった問題があるので、放送で使う分にはリスクがあることを承知の上、かけてほしい」というお達しまで出たほどです。

結局、この問題が起きてから2008年1月1日までの約4年間は、日本のメディアにおける**韓国楽曲空白期**と、業界内では言われています。当時、レコード会社を通じて日本デビューしていた韓国の歌手の音源（日本語ヴァージョン楽曲を含め）

は、そういった問題はクリアされていたものの、正規ルートを通じて日本盤CDを出していない、純粋な韓国楽曲と同じような扱いを受けてしまい、「何かあったら怖いから、できるだけ放送ではかけないように」という空気が蔓延《はびこ》ってしまったわけです。ドラマのOSTヒットが、結果としてこのような空白期を生むことになってしまいましたが、それでも懸案だった**JASRACとKOMCAが相互管理契約にたどりつけた**ことは、両国の音楽業界にとっては、大きな収穫だったと、今となっては言えると思います。

そしてOSTのヒットは、ドラマ**『美しき日々』（2001年）のOST**からは、主演のリュ・シウォンさんが歌手として評価されるきっかけを作り、ドラマ**『オールイン 運命の愛』（2003年）のOST**からは、俳優のパク・ヨンハさんが歌手として主題歌を歌いヒット。俳優が歌手への道を歩むチャンスとして、OSTが活用された時期もありました。さらに2007年に放送されたドラマ**『コーヒープリンス1号店』のOST**は、韓国のインディーズレーベルであるPastel Musicが制作を手掛け、当時はまだ一般層には普及していなかった、インディーズのアーティストたちにスポットが当たるきっかけを作り、２００９年にかけて盛り上がりを見せていく、韓国内のインディーズブームの火付け役となりました。

そんなＯＳＴを取り巻く環境に再び大きな変化が訪れます。２００９年１月に放送されたドラマ『花より男子～Boys Over Flowers』のＯＳＴの誕生です。もちろん、日本原作の韓国リメイク版ドラマであることはご存じかと思います。では、このＯＳＴがどんな変化をもたらしたのでしょうか。

それまでは、ＯＳＴ歌手と呼ばれる、あまり名前の知られていない、ＯＳＴを活動のフィールドとして活躍していた歌手や新人歌手、さらには、出演俳優たちが直接歌うケースが圧倒的に多かった当時のＯＳＴ界において、Ｔ－ＭＡＸやＳＳ５０１、ＳＨＩＮｅｅといった人気アイドル達がＯＳＴに参加し、予想外のヒットを記録したんです。また、このＯＳＴは日本でもドラマの話題性と相まって、日本盤ＯＳＴがヒットし、今でこそ当たり前になっている、Ｋ－ＰＯＰアイドルや人気歌手たちが参加するＯＳＴも、ビジネスになることを証明した、記念碑的なＯＳＴになったんですね。そして、このＯＳＴのヒットをきっかけに、人気アイドルや、そのグループのメンバーのソロ活動のフィールドの１つとして、ＯＳＴが活用されるようになり、そもそも活動していたＯＳＴ歌手たちの活躍の場が徐々に奪われていくようになっていきます。また、ビジネスになったことで、１つの芸能事務所が1作品のＯＳＴの制作を丸ごと抱え、同じ芸能事務所の歌手だけが参加するＯＳＴも作られるようになりました。もちろん、その分、クオリティも上がり、制作費も増えた結果、良質な音楽も作られるようになっていくわけですが、一方で、単なる人気歌手が集ったオムニバスアルバムの体《たい》を成すようになってしまった、韓国の映画・ドラマＯＳＴも増えてきているのが現状です。

とはいえ、時代が変わっても、**韓国ドラマにＯＳＴはもはや欠かせないもの**になっていますし、音楽がある・なしで、映像そのものの価値も大きく変わってしまうことは、視聴者・韓ドラファンの方であれば、お解りいただけるはず。今後も、どんなドラマから、どんなＯＳＴの名曲が誕生し、画面上の主人公たちを引き立ててくれるのか？　楽しみです。

【参考資料】
「Ｎ響が贈る芳醇なひととき」ＮＨＫ交響楽団（https://www.nhkso.or.jp/）

0：15

SPECIAL TALK WITH

SPECIAL TALK WITH

キム・ドフン

RBW代表理事・音楽プロデューサー

ここからは、僕が会いたかった韓国の芸能関係者にお話を伺っていくコーナー。まずは、キム・ドフンさん。キム・ドフンさんは、K-POPアイドル第1~第4世代の人気アーティストたちに、長きに渡って数々のヒット曲を提供し続け、年間No.1ヒットを2度も送り出すなどの数々の記録を生み出した存在。またMAMAMOOなどの人気アーティストを輩出した芸能事務所RBWの設立にも力を注いできました。そんなキム・ドフンさんに、ご自身のキャリアを振り返ってもらいながら、これからのK-POPシーンについて伺っていきます。

PROFILE

芸能事務所RBW代表理事。作曲家・プロデューサー。

ガールズグループMAMAMOOを生み出した名プロデューサーであり、Melon Music Awards（MMA）「ソングライター賞」、Soribada Best K-Music Award（SOBA）「新韓流プロデューサー賞」など数々の賞を受賞。多くのアーティストの楽曲を手掛けるヒットメイカー。

音楽の世界に進んだ道のり

古家　最初は、バンドからそのキャリアをスタートさせたんですよね？

キム　歌は歌わずに、ギターと作曲を担当していました。中学時代はヘビーメタルが好きだったんですね。それで、中学の時からギターを弾き始めて、高校からは本格的にバンドを始めました。コピーバンドです。スキッド・ロウやボン・ジョヴィとかメタリカといったバンドの曲をコピーしていました。なので、あくまでも趣味の範囲で音楽をやっていたんです。そんな中で、大学2年生の時、音楽にハマり過ぎてしまって、音楽の道に進みたいと決め、大学3年生の時、「川辺歌謡祭」というコンテストに出場しました。当時、有名だった「ユ・ジェハ音楽競演会」[※1]とは違いますが、こちらも結構知られていたコンテストで。結果は、入賞はしましたがトップ10止まりで。でも、これをきっかけに、本格的に音楽を始めたんです。

古家　でもキャリアとしては、編曲家（アレンジャー）からスタートしたという記事を以前見たんですが。実際、そうだったんですか?

キム　はい、そうです。曲を作ることもありましたけど、編曲の仕事を頼まれたら全部引き受けました。編曲の仕事はたくさんやりましたね。

古家　大学では音楽を専攻したわけではないですよね? 編曲の勉強って、どのようにされたんですか?

キム　勉強しました。独学で。

古家　独学ですか?

キム　はい。MIDIやコードの勉強、鍵盤楽器も自分で覚えました。元々、ギターはやっていたので、音楽に対する理解はありましたし、コードやピアノもすべて繋がるものがありますから、すべて一から勉強したというよりも、知識を補充していった感じです。でも、最初から無鉄砲でやっていたわけではなく、とりあえず3、4年間は一生懸命、勉強に時間を充てようと。ある程度のレベルに達していないと当然採用されませんでしたから、がむしゃらに頑張りました。とはいっても、編曲家になりたかったというわけではなく、音楽関連の仕事は全部やるという姿勢だったんです。そこで、編曲作業まではせずに、メロディーだけを作る先輩方に「編曲やらせてください」と頼んでお仕事をいただいたり、自分で作った曲を売り込んだりしていました。この間に編曲をしながら、**曲作りの上手な方々のノウハウを学べたの**が大きな財産になりましたね。「ああ、このように曲作りをされているんだな」とか「このようにコードを配置するんだな」といった感じで、音楽づくりについて、さまざまなことを学ぶことができたんです。

「Just a Feeling」誕生秘話

古家　1990年代の後半には、当時韓国を代表する歌手だったカン・スジさんやソ・ヨンウンさんに曲を提供していましたよね。

キム　はい、そうです。全部ご存じなんですね？　かなり昔のことですけど……。

古家　その時代、僕は韓国に留学していたので、当時の音楽に関しては、いろいろと深い思い出もあります。そして2000年代の前半になりますが、2002年に、K－POPアイドル第1世代を代表するガールズグループである**S.E.Sに提供した「Just a Feeling」が大ヒットします。**

キム　はい、そうです。

古家　これをきっかけに、代表の作曲家としてのキャリアが評価されるようになったと思うんですが。

キム　そうですね。

古家　当時から、僕はK－POPを紹介するラジオ番組をやっていたんですが、**「Just a Feeling」は番組でもかなりかけました**し、個人的に「日本人好みのポップな曲だなぁ」って思ったんです。当時流行していた、ブラック・ミュージックをベースにしたスウェーデン・ポップスに通じるものもありましたし。

キム　私は日本の音楽について、それほど詳しくはないですが、日本人の方々の好きなコード進行というのがあって。日本の曲を聴くと、だいたい入っているコード進行があって、「Just a Feeling」もまさにそうなんです。なので、日本でも受け入れられやすかったと思います。

古家　そんな曲が韓国でもヒットした理由は何だと思いますか？

キム　S.E.Sが歌ったから（笑）。それとフック（サビ）パートが分かりやすい曲でしたから。マライア・キャリーの「EMOTIONS」という曲の構成に似ていると思いますが、彼女のこの曲は、ひと昔前のブラック・ミュージックのテイストが用いられていました。90年代のブラック・ミュージックは魅力的でしたよね。Babyfaceとか、すごい人気でしたが、これは決してアメリカだけではなく、先ほども話したように日本人や韓国人も好きな曲調だと思うんです。ファンキーな曲ですし、コード進行が4度、5度、6度と進行する、とても馴染みのあるコード進行です。実は、この曲のビハインド・ストーリーがありまして……。「Just a Feeling」のサビ・パートを作ってから、1年くらい曲が完成しないままだったんです。良いメロディーが思い浮かばなくて……。私は曲を作ってから、気に入り過ぎると、むしろ完成させないままにしておくタイプなんです。早く完成させてしまうと、気に入ったモチーフの完成度が落ちてしまうので。なので、充分に実力がつくまで、温めておいてから完成させました。ですから、**完成するまで2、3年ほどかかった**気がします。

古家　そんなエピソードがあったんですね。

キム　しかも、最初はこの曲、S.E.Sが歌う予定ではなかったんです。火曜飛《ファヨビ》さんという他の歌手に提案したんですが、選ばれなかったですよ。

古家　え？　火曜飛さんって、あの「R&Bの女王」の？

キム　私が編曲の仕事をたくさんやってきたと先ほどお話ししましたが、火曜飛さんの曲の編曲もやっていたんですよ。それで直接会った時に「Just a Feeling」を聞いてもらったら「すごくいい曲ですね」と言われて……。**じつは火曜飛さんに歌ってほしいと提案していた**んですよって話をしたら、本人は知らなかったようです。本人に聞かせる前に、所属事務所内での承認の段階で、採用にならなかったようです。でも、仕方ないですよね。当時は、新人作曲家でしたから。その話を聞いて、火曜飛さんは残念がっていました。

古家　もしかしたら、火曜飛さんが歌っていたかもしれないわけですから……。

アイドルの歴史が始まった2000年代前半

古家　ところで、その2000年代の前半と言えば、韓国におけるアイドルの歴史が始まった時代とも言えますが、代表はアイドル人気が始まるその空気の変化を目の当たりにして、今までとの音楽作業の違いなどを感じましたか？

キム　当時は感じませんでした。当時もダンス・ミュージックはたくさんありましたし。オム・ジョンファさんや、DJ DOC、ソ・テジさんなど、時代をリードした歌手もたくさんいました。最初はそういった流れの1つが、アイドルだと思っていたんです。でも、アイドルという文化があることを強く感じる瞬間がありました。

東方神起のデビューです。

古家　2003年デビューですよね？　でも、それ以前に同じSMエンタテインメント（以下、SM）の先輩でH.O.T.もいましたが……。どんな違いがありましたか？

キム　H.O.T.の時代にもありましたが、それは当時、僕がその文化に関して無知だったのだと思います。僕はその文化を、東方神起を通じて知ったわけです。**「ファンダム（Fandom）」、つまりマニアの存在**を。東方神起は、国民的歌手ではありませんでした。ところが、全国民が彼らの曲を知っているわけではないのに、一部の、特定の人たちが、熱狂的に好きになっているというところに違いを感じたんです。当時ヒットしたアルバムで思い出すのは、国民的歌手と言われたキム・ゴンモさんやシン・スンフンさんのアルバムで、平均的に200万枚くらい売れていたので、その2人のCDは、もちろん家にもあり、友達の家にもあったんですが、東方神起のＣＤは家にはありませんでした。だけど、確かに、誰かが、熱狂的に好きでいる。それは私がキム・ゴンモさんの曲が好きなのとは、比べ物にならないくらい、巨大な何かがあるわけです。ある意味、宗教に似ているなと思いました。デビュー当時「10代の大統領」という異名を持っていたソテジ・ワ・アイドゥルの時も、そんな雰囲気はありましたが、それよりももっと大きな力を感じたんです。それがファンダム文化だと思うんです。イ・スマン先生は先を見据えて、アイドルグループを作った気がします。私の高校時代に、「ニュー・キッズ・オン・ザ・ブロック」が、韓国でもそれくらいの人気を集めたことがあったんですけど、そういうのを見て（イ・スマン先生は）予見していたかも知れません。でも、アイドルに関しては、日本の方が、既にそういった文化があったと思うんですが……。

古家　はい。具体的に言うのは難しいですが、１９６０年代からアイドル文化はありましたから。

キム　日本はいつも私たちより、5年、10年先を行っていたので、韓国の大衆音楽の方向性や音楽ビジネスのコンセプトを決めるときは、日本の音楽やそのシーンを真似していたのは事実です。ドラマや音楽などは、特にそうでしたね。

古家　つまり、代表が活躍を始めた時代は、そういった新しい「アイドル」という存在と、既存の歌手、さらに言えば音楽文化に、大きな変化が起きた時代だったような気がします。そういえば、アイドル以外にも、2000年代前半と言えば、当時、SG WANNABE＋を代表とする、ミディアムテンポのR&Bがすごく流行りましたよね？

キム　流行っていましたね。3、4年は続いたと思います。

古家　その時、代表もたくさんの曲を書かれましたよね？

キム　はい、たくさん作りました。

韓国のR&Bとは？

古家　僕が感じたのは、表向きにプロモーションでは「R&B」というジャンルで括《くく》ってはいましたけど、本場アメリカのR&Bにはない雰囲気の曲だったと思います。日本でも一時期、R&Bの雰囲気のある曲が流行りましたが、当時の**韓国のR&B**を、より詳しくジャンル分けするのに適切な言葉が出てこないんです。どう表現できますか？

キム　私はバラード曲だと思っています。国ごとに、特に好きな音楽ジャンルってあるじゃないですか？　Ｊ－ＰＯＰにも、変わらずに、みんなが好きな、特有の情緒があるように感じますし、韓国にももちろんあるんですが、それがトロット（韓国歌謡・演歌）やＲ＆Ｂ、バラードが混ざった、まさにそのジャンルの曲だと思うんです。では、既存のバラードとの違いは何かというと、バラードって、少しルーズな感じがあるので、そこにテンポを加えたわけです。韓国で作曲家たちは、これを**「泣きながら走る」曲**と表現します。「泣きながら走る」……つまり、胸がいっぱいになって悲しみに満ちる……このような感情が、韓国人は好きなんです。今も好きだと思いますよ。今は若い世代が音楽業界の雰囲気をリードしているので、表には出ていないかもしれませんが、韓国人の心の奥には、そういった感性が好きな気持ちが潜んでいます。「泣きながら走る」の感性……**うるっとなって、切なくて悲しい、だけど、なぜか、テンションが下がらない**。じつは、（ＳＧ ＷＡＮＮＡＢＥ＋）前にもＲ＆Ｂ世代は存在していました。先ほど挙げた古家さんもご指摘の通りの火曜飛さんやフィソンさん、パク・ヒョシンさん。彼らはアメリカ寄りのＲ＆Ｂを求めましたが、SG WANNABE＋をはじめ、何組かの歌手たちが……。

古家　SeeYaとか？

キム　そうです、そういった歌手たちを抱え、業界をリードする会社がありました。キム・グァンス社長の……。

古家　GM企画ですよね？

キム　はい、そうです。彼らがブームをリードして、それがヒットしたので、立て続けに出していたのです。私は最初、SG WANNABE＋の2ndアルバムで**「罪と罰」**という曲を作りました。でも、曲の依頼が来たとき、私はやらないといったん断ったんです。当時、YGの曲を数多く手がけていたので、私の方向性とは合わないと。ですが、キム・グァンス社長と仲の良い方に、4、5カ月間くらい説得され、SG WANNABE＋の1stアルバムの雰囲気を参考にして作ったのが「罪と罰」でした。当時、私の曲作りの感覚も優れていたので、その曲が年間チャートの1位になりました。これがヒットしてから、欲が出てきたんです。なので、当時はまるで工場のように曲を作っては、さまざまなアーティストに提供していました。ですが、当時は、そのジャンルのせいでかなり叩かれることもありました。

古家　似たような曲ばかりだと。

キム　そうです、そのジャンルばかりにヒット曲が集約されてしまって、曲調も似ているし、感情表現が大げさだと。そんな状況の中で登場したのが、Ｗｏｎｄｅｒ ＧｉｒｌｓとＢＩＧＢＡＮＧでした。この2組のデビューによって、そのジャンルの音楽は消え去ったといって良いでしょう。

韓国の音楽シーンに起こった変化

古家　そのタイミングで何がありましたか？　変化が起きた理由などもありましたか？

キム　ありました。私は、ＹＧとキム・グァンス社長の会社、両方で仕事をしていたのですが、キム・グァンス社長の会社でヒットを連発していたとき、つまり、ＳＧＷＡＮＮＡＢＥ＋が人気だったとき、どんな曲を作るべきなのか、新しいことを模索していましたが、それがまさにＷｏｎｄｅｒ Ｇｉｒｌｓでした。そして、ＢＩＧＢＡＮＧはＧ－ＤＲＡＧＯＮとＳＯＬが練習生として頑張っていた時期でした。

YGのヤン・ヒョンソク社長（当時）は、評価動画を毎日見ながら、時には私たちにも見せながら、歯を食いしばって、一生懸命頑張っている時期でした。ただ、どちらも最初から成功したわけではないんです。1stアルバムからヒットしたのではなく、2ndか3rdアルバムから大ヒットしました。そして、その時期は、SG WANNABE+のような音楽に、大衆が飽きはじめていた頃でもあります。**新しい音楽が、必要視されていた**ときに、まさに彗星のように現れたのです。

多くのアーティストとの作業

古家　そうだったんですね。ところで、代表がこれまで楽曲を提供してきた歌手を挙げると、**フィソンさん、Gummyさん、イ・スンギさん、K.Willさん、Aileeさん、IUさん**など、本当にたくさんの人気アーティストに楽曲を提供してきましたが、それぞれのアーティストの特徴などについて聞かせていただければと思います。まずは、フィソンさん。韓国を代表するR&Bヴォーカリストですよね。「With Me」などのヒット曲を提供されてきましたが、フィソンさんとはどんな話をしながら曲作りをされましたか？

キム　当時、フィソンさんが好きだった音楽と、私の好きだった音楽、その傾向が同じでした。ですから、特別に何か合わせる必要もなかったほどです。「あれ聞いてみた？　すごくいいよね？　今回はこういう感じでどう？」という感じで。逆にフィソンさんから「こういうのをやってみたい」と言われて聞いてみると、すごくそれが良いんです。なので、お互い何かを調整する必要がありませんでした。好きなスタイルが全く同じなので、遊び感覚で作っていたような気がします。とてもスムーズに。そして、フィソンさんはとても才能溢れる人なので、ボーカルのアレンジや、表現、作詞まで……私がある程度の大枠と方向性を決めておくと、フィソンさんがそれに付け加える要素に、非の打ち所がなかったんです。相性が抜群だったので、とてもスムーズでした。

古家　同じ時期に、Ｇｕｍｍｙさんにも曲を……。

キム　そうですね。どちらかというと、**フィソンさんはパフォーマンスに強い歌手**で、**Ｇｕｍｍｙさんはバラード歌手に近い感じ**でした。それもあって、Ｇｕｍｍｙ

さんの場合は、アルバムのリード曲以外の収録曲を作るときは、フィソンさんの時のように、楽しくスムーズに曲作りができました。でも、リード曲はとても戦略的に作りましたので、フィソンさんよりは、曲作りに悩みましたね。

古家　「記憶喪失（Memory Loss）」のことですか？

キム　ええ、その曲は本当に大変でした。曲作りに6カ月以上かかった気がします。

古家　そんなにかかったんですね……。でも、そのおかげで名曲に仕上がったと思います。それから、日本では俳優としても人気のイ・スンギさんともたくさんご一緒されていますよね？

キム　はい。イ・スンギさんの音楽に関しても、作業自体は大変ではなかったです。王道の韓国バラードがベースなので、作ること自体、難しい音楽ではありません。コンセプトも必要なく、いいメロディーといい歌詞があれば大丈夫なんです。ただ、所属事務所から「純粋で無邪気な情緒」を盛り込んで欲しいと希望されていました。あとは、10代がカラオケで歌いやすい曲。具体的に言うと、他の芸能事務所からは、「曲の1番、2番、3番のそれぞれのパートに変化を加えて欲しい」というリクエストがあるとしたら、イ・スンギさんの事務所からは、「同じパートの繰り返しでお願いします」というリクエストがありました。さらに、声も張り上げるのではなく、リラックスした雰囲気で歌えるものをという……。

古家　「イ・スンギ風バラード」っていう感じが、歌を聞かずしても、そのオーダーから、彼の声が聞こえてきそうですね。

キム　そうですね。

古家　K.Willさんもジャンル的にはR&Bだと思いますが、フィソンさんとは一味も二味も違った魅力を持った歌手ですよね？

キム　かなり違いますね。似ているようで違います。フィソンさんは、よりマニアックで、自分のカラーがはっきりしている感じ。K.Willさんは、本人や所属事務所の企画力がとても良いのです。所属事務所は、今、IVEが絶好調のSTARSHIPエンタテインメント（以下、STARSHIP）ですが、企画チームのソ・ヒョンジュ理事の企画力がとても優れています。戦略がすごく良いんです。K.Willさんに対する戦略をしっかり作った上で、そこに音楽を合わせていくという……。

古家　Ｋ．Ｗｉｌｌさんは、アメリカの90年代のＲ＆Ｂが好きなんですよね？　ブラ[※2]イアン・ヒョンナイト！

キム　そうですね。特にブライアン・マックナイトが好きです。フィソンさんが好きな音楽が、ＳＩＳＱＯのような少しハードなＲ＆Ｂ、ブラック・ミュージックだとしたら、Ｋ．Ｗｉｌｌさんは、よりモダンで都会的な雰囲気を求めます。

古家　Ａｉｌｅｅさんに提供された曲も良い曲が多いですよね？　「보여줄게（I will show you）」とか大好きです。

キム　Ａｉｌｅｅさんは、フィソンさんと同じ事務所に所属していたことで、知り合ったんですが、**Ａｉｌｅｅさんは、今でも女性シンガーの中で歌唱力がトップ**だと思います。歌が上手くなるしかないフィジカルをもっていますし、生まれつきのヴォーカリストといって良いと思います。彼女は韓国で、一番歌がうまいと思いますよ。

古家　女性ソロで言えば、**ＩＵさんもデビューして１、２年くらいは一緒に作業**されていましたよね？

キム　はい、何曲かご一緒させてもらいました。

古家　どんなイメージでしたか？

キム　先ほどお話したＧｕｍｍｙさんの「記憶喪失（Memory Loss）」という曲の歌詞を書いたチェ・ガプウォンさんが発掘した歌手で、中学3年生の練習生時代から知っていました。でも、その時は繋がりはなかったですけど、高1だったかな？　パク・ヘヨンさんという女性シンガーに提供する曲のガイドヴォーカルが必要だったんです。ガイド曲のレコーディングのために、練習生に来てもらうことになったんですが、それがＩＵさんでした。

古家　ＩＵさんが、ガイドヴォーカルですか？

キム　はい。そのデータは、探せばどこかにあると思います。これはお世辞でも何でもなくて、曲を1回聞かせただけなのに、彼女はすぐにその曲を把握してくれたんです。メロディーも全て覚えちゃって。念のために、もう1回聞かせてから、すぐにレコーディングしました。

古家　感覚が……。

キム　そう、すごく良いんです。結局レコーディングは30分くらいで終わったんですけれど、本当に驚きました。簡単なメロディーでもなかったのに、簡単に歌ってしまって……。本当にすごいと思ったんですけれど、作詞家だったチェ・ガプウォンさんが、制作経験があまりなかったので、IUさんと他に何人かを引き連れてLOEN エンタテイメント（現EDAM）に入りました。そこで、チェ・ガプウォンさんはプロデューサーとして、IUさんのアルバムを制作したんです。その時、私が「マシュマロ」という曲を作って、一緒に作業しました。

古家　そんな出会いがあったんですね。

アイドルか？　ロック・ミュージシャンか？

古家　FNCエンターテイメント（以下、FNC）のアーティストの曲もたくさん作りましたよね？

キム　そうですね、たくさん作りました。FNCのメインプロデューサーであり、CEOのハン・ソンホさんから、かなり信頼を受けていたこともありまして……息が合いましたし。私が作らない曲に関しても、ＦＮＣのアーティストのすべての曲を、とにかく相談して来られたんです。私が直接作る場合もありましたが、「これだったら、Ｂｒａｖｅ Ｂｒｏｔｈｅｒｓが適任なのでは？」とか「この人と一緒にやってみてください」と勧めたり、心を込めて相談に乗りました。お金を稼ぐためではなく……。とにかくハン・ソンホさんが、私にたくさんのチャンスを与えてくれました。ただ、当然、その中で、ヒットした曲も、そうでなかった曲もあります。

古家　ＦＮＣと一緒に曲作りをする前までは、ダンス・ミュージックやＲ＆Ｂを手掛けることが多い印象でしたが、ロック・ミュージックを作る機会は、あまりなかったですよね？

キム　そうです。作るチャンスがありませんでした。ギターは今でも頑張って弾いていますし、一番好きな楽器です。そしてバンドをやっていたので、ロックは聴くだけで、その世界を理解できるんです。そして、ロックは自分自身にとって経験のある音楽なので、何が大切なのかの優先順位が分かります。ですから、ＦＮＣとの仕事は、とても楽しい経験でした。

古家　ただ当時、韓国におけるバンドのイメージは、インディーズという印象が強かったですよね。韓国は、流行のジャンルが音楽市場を占拠してしまう傾向が強いですから。一方日本では、音楽ジャンルが多岐に渡ってそれぞれの市場を作り上げているので、ビジネスとして成立するからこそ、ロックというジャンルが、韓国よりも一般的に感じられるんだと思います。CNBLUEやFTISLANDがデビューする前に、「武者修行」と称して、日本に住んで音楽活動をしていたことも、ハン・ソンホさんが、先行している市場で、経験値を高めることがアーティストにとって大切なことなんだということを理解していたからこそだと思うんです。だからこそ、FTISLANDやCNBLUEが、日本ではアイドルではなく、ロックバンドとして認知されているんだと思うんです。でも、韓国では、今でもロック・ミュージシャンというイメージではないですよね？

キム　そうですね、ないですね。ただ、「アイドルか？　ロックか？」については、最初のアプローチは混在していたと思います。なぜなら、先ほど古家さんの話にもあったように、韓国ではロックはマニアックな存在でしたから、それを「大衆化させるためには、どうすべきか？」という問いがあったんですね。そこで、まず、イケメンで、若いメンバーが必要だという結論に至ったわけです。これは、アメリカでも同じです。ボン・ジョヴィも、デビュー当時は、当然若くて、イケメンだったじゃないですか？　それから、CNBLUEやFTISLANDはアイドルではないと思います。ファンダムの規模も（アイドルよりは）小さいですし、踊らないですからね。そして彼らは、曲がヒットしないと人気が得られない構造になっていますから、その点もアイドルとは違うと思います。だけど、イケメンだから混乱しちゃうんです。「アイドルなのでは？」と。アイドル扱いされてしまう。一昔前のロックバンドといえば、韓国では「ドゥルグックァ」や「白頭山《ペクトゥサン》」のようなイメージでしたから。険しい雰囲気のある……。

古家　その点でいえば、ジャンルをモダンロックにしたのは正解でしたね。

キム　いつもそうなんですが、結局は大衆性なんだと思います。**正統派ロックだと、すぐに大衆に受け入れてもらうのは難しい**かと……。大衆に受け入れてもらえるような音楽、好きになってもらえる音楽、パフォーマンスとしても好きになってしまう音楽……。

古家　マルーン5のような……。

キム　そう。じつは、マルーン5も有名なプロデューサーたちが結成させたバンドで、スウェーデンのマックス・マーティンまで参加したグループなんですから。で、**「韓国の基準」**で考えると、マルーン5もアイドルなんです。

古家　「韓国の基準」？

キム　はい。その「韓国の基準」というのは、有名なプロデューサーが付いていて、音楽は分かりやすくて、メインボーカルはイケメン。最近は結構変わってはきましたけど、当時は、メンバーが若いとアイドルという認識でした。

古家　それでも、代表がFNCでなさったお仕事は、いろんな意味で音楽シーンに与えたインパクトは大きかったと思います。で、その後になりますが……音楽出版社※3であるミュージックCUBEに所属されてから、RBWを2010年に設立されます。RBWを設立した理由は、直接プロデュースをしたいと思ったからですか？それとも他の目的がありましたか？

RBWの設立とMAMAMOOの誕生

キム　とてもシンプルです。まず、私はミュージックCUBEの設立者のうちの1人です。元々、音楽業界ではなかった知り合いがいて、その息子さんは音楽にとても興味があったんですね。その息子さんに、私が音楽を教えて、大学入試も受かったんです。そこで、その親御さんから一緒に何か（ビジネスを）やりたいと言われたんですが、私は「エンタテインメント会社は嫌です」と言いました。それで一緒に設立したのがパブリッシング会社、つまり音楽出版社です。ミュージックCUBEは、**作曲家たちのための会社**でした。

古家　僕の記憶だと、ミュージックCUBE設立前に、韓国には音楽出版社ってありませんでしたよね？

キム　そうです。韓国では、ほぼ初でした。音楽出版社っぽい会社はありましたが、その時まで、正式な形ではなかったですね。その会社を作ってからは、さまざまな案件のプロデュースをこなしながら、会社を運営する側でも支えてきました。一番多いときは、6枚のアルバムを、同時にプロデュースしたこともあります。このままだと大変ですし、プロデュースの業務だけでは会社の運営も厳しかったので、パブリッシングに特化したほうが良いとアドバイスをした結果、代表も頑張ってくださったので、パブリッシング会社となりました。そして、代表はエンタテインメントのビジネスもやりたいと思っていたので、当時、JYPエンターテインメント（以下、JYP）の社長だったホン・スンソンさんと一緒に設立したのがCUBEエンタテインメントです。私はそちらで、プロデュースなどのお手伝いだけをしました。そして、今のRBWの共同代表のキム・ジヌさんは、私が彼の1stアルバムのプロデューサーだった……という関係なんです。

古家　そうだったんですね。

キム　彼は歌手出身なんです。歌手をやめたあと、音楽業界のビジネスをずっとやっていて、ミュージックCUBEやCUBEエンタテインメントで仕事をしていましたが、「ビジネスの良いアイディアがあるんだけど、一緒にどうですか？」と提案をしてきたんです。それがエージェンシーのお仕事でした。歌手を志望する人は、必ずしも芸能事務所に志願する方法に詳しいわけではありません。ただ、私の場合は人脈があるので、そういった志望者が来たら、その人に一番合う曲でレコーディングや教育をさせて、ちゃんとした衣装を着せて、プロフィール写真も撮影して、芸能事務所に「こんな存在がいますよ」と紹介することができたわけです。そんなお仕事をしませんか……と。それがRBWの始まりですね。途中からはアカデミーも同時に運営しました。その時、設立者の何人かが、私にずっと説得し始めたんです。「いい練習生も揃っているし、アカデミーに教育システムも整っているから、エンタテインメント、つまり芸能事務所を立ち上げれば、完成する」と。でも私は1年以上断りました。「大変過ぎる」し、「今の暮らしに満足している」と。でも、結局説得されたのです。そして、その時、**練習生としていたのがMAMAMOO**です。他の芸能事務所では、ピックされませんでしたが、私たちの目には才能が満ち溢れていたので、練習生として残ってもらったんです。30回、いや40回、いろんな会社のオーディションを受けても、受からなかった子たちです。

古家　先見の明がありましたね。そんなMAMAMOOがデビューした時、こんなにもヒットして、愛される存在になると予想できましたか？

キム　いえ、できませんでした。なぜなら、私の目標はヒットではなかったんです。初めての取り組みなんだし、とりあえずやってみようと。私は大きな夢を抱くタイプではないんです。夢はいつも小さく（笑）。「1位になりたい」という夢ではなく、目の前の具体的な目標を立てるタイプなんです。赤字を出さずに、まずは、メンバーたちが稼げるようにしてあげようと。それが目標でした。

古家　MAMAMOOは、音楽的だけではなく、韓国社会にもたくさんの影響を与えた存在になりました。それは、メンバー個々が特別なものを持っていたからこそ成し得たことだとも言えますが、コンセプトも良かったと思います。

キム　先ほども話しましたが、彼女たちが初めての制作体験だったので、まず、私自身は作曲家としては成功したけれど、この子たちをどうにか成功させないといけないと切実に思ったんですね。でも、当時、人気のあったガールズグループとは、同じ方向性ではありませんでした。当時は、SISTARやAOAといった、セクシーがコンセプトのグループが人気を集めていたんです。でも、それに迎合せず、とにかく彼女たちは、**歌とパフォーマンスが上手すぎた**ので、全く違うことをやろうと思いました。違い過ぎて「あの子たち何なの？」って思われるような、大衆受けしなくても、全く違うことをやろうと。つまり目標は「違い」であって、「違って見えたら」成功だと。さっきも言いましたが、イケメンバンドは、上手くてもアイドル扱いされるじゃないですか。それで良いんだと。

古家　「違い」がコンセプトだったんですね。

キム　ただ、どうしてもこれまでのアイドルという先入観があるかもしれないので、最初は難しい音楽をやるべきだと思って、当時、音楽シーンでも認められている人との繋がりが必要だと思ったんです。そこで、最初に出した音源が、当時アンダーグラウンドで有名な歌手だったＢＵＭＫＥＹさんとのコラボでした。ＢＵＭＫＥＹさんのような音楽をやっているアーティストと同じ仲間のように見せるために。そして、２曲目はフィソンさんとＫ．Ｗｉｌｌさんと一緒にやりました。彼らに負けないくらい、（ＭＡＭＡＭＯＯは）上手いというのを見せたかったんです。その次にリリースしたのが「Ｍｒ．애매모호（Mr. Ambiguous）」という曲でした。レトロ・ファンキーな曲で勝負して、あえて既存のガールズグループの曲調とは違う曲にしました。そこまではすべて戦略でした。レコーディングにも長い時間をかけて、何

度もやり直しながら作り上げていきました。「歌が上手い」と思ってもらえないと勝算がなかったので。そしてメンバーには、普段はアイドルの音楽を聞くなと言いました。アイドル音楽のように思われてはいけないと言い続けました。衣装についても、ファッション誌をたくさん購入して片っ端から読みました。流行りのデザインではなく、メンバーのカラーをはっきり表せる衣装を探したんです。その中にラルフ・ローレンが蛍光色の緑やオレンジなどのミニドレスを発表していたんですが、まさに、これこそ、メンバーのカラーをはっきり表せる衣装だと思ったんです。60年代に流行ったスタイルです。特に飾りつけをしなくても、パッと目に入る衣装だったので、そんな雰囲気のものを作ってくださいとオーダーしました。**このグループは色で表現しよう**と。これも、私が意図して作り上げたコンセプトです。

古家　そして、その頃から始まった、「ガール・クラッシュ」ムーブメントのリーダーになりましたよね？

キム　そうです。リーダーになりました。デビューした当時は、世間からそのような視線で見てもらえるとは思っていませんでした。いろんなオーディションで落ちながら、既存の所属事務所の基準では選ばれなかった子たちで構成されたグループが成功したということで、多くの人が、痛快な気持ちを間接的に味わえた気がします。それを「偉いね」って思っていただいた気がします。あと、メンバーの性格も明るくて、時にやんちゃでエネルギッシュだったのと、歌の実力まで備えていたので、誰も悪く言えなかったと、そう思います。ブリっ子している方が恥ずかしくなるような……ここまでは悩みに悩んだ戦略でした。

大ヒット曲「썸（Some）」

古家　それ以降は、彼女たちの努力の賜物ですよね。ところで、2014年には**「썸（Some）」（ソユ&JUNGGIGO）が大ヒット**を記録しました。年間トップにも輝き、社会現象にもなりましたが、予想していましたか？

キム　していませんでした。なぜなら、MAMAMOOとK.Willさんの「Peppermint Chocolate（썸남썸녀）」も、同じ時期に準備していたからです。しかもK.WillさんはSTARSHIP所属なので、共にSTARSHIPから発売

された曲なんです。それでリリース時期については少し揉めましたね。どの曲を先にリリースするのか、タイトルに「썸」という言葉を、入れる入れない……などで。なぜなら、「Ｓｏｍｅ（썸）」はタイトルを「Ｓｏｍｅ（썸）」にする必要はない曲だったんです。サビの印象的なフレーズに「내꺼인 듯 내꺼 아닌 내꺼 같은 너（僕のもののようで、僕のものじゃない、僕のもののような君）」っていうパートがあるんですが、そこには「썸」という言葉は一言も入っていないんです。「Peppermint Chocolate（썸남썸녀）」もリリースしないといけないのに、タイトルを「Ｓｏｍｅ（썸）」にすると言われて、「タイトルが似ているのでは」と伝えましたが、結局そのまま進められました。しかも、「Ｓｏｍｅ（썸）」という曲は、私が時間に余裕もなかった状態で作った曲だったので、とにかく出来上がっている段階のものを送ったら、「気に入らないので修正してください」と返されたんです。

古家　え？　そんなことがあったんですか？

キム　ええ。でも、本当に時間の余裕がなくて悩んでいたときに、ＢＲＡＮＤＮＥＷ　ＭＵＳＩＣの代表のライマーさんが会社に遊びに来て、自分の知り合いの中で、トップラインを作るのが上手な人がいると教えてくれたんですね。その人は、ゼピ

（Ｘｅｐｙ）という新人の作曲家でした。彼がそのサビの「내꺼인 듯 내꺼 아닌 내꺼 같은 너（僕のもののようで、僕のものじゃない、僕のもののような君）」の部分を作ったんです。すごくそれが良かったので、ＳＴＡＲＳＨＩＰに修正版を送ったら、そのときの反応はイマイチでしたが、完成後、リリースをしたら大ヒット曲になりました。

古家　へー、その曲が年間1位に。

キム　私はこれで、２００４年と２０１４年の2回、年間で1位を取った作曲家になりました。ただ、両方ともそれと意図していなかった曲でした。「罪と罰」は逃げ回っていましたし（笑）、「Ｓｏｍｅ（썸）」もそこまで力を注ぐことができなかった曲ですが、結果としては大ヒットしたわけです。

グローバルな音楽作りとは？

古家　大ヒットと言えば、BTSの代表曲である「피 땀 눈물（Blood Sweat & Tears）」にも代表の名前がクレジットされています。

キム　ＨＹＢＥ議長のパン・シヒョクさんは、ＪＹＰに所属していた時から仲が良かったんです。シヒョクさんが2AMを制作したときも、私の曲をいくつか提供しましたし、イム・ジョンヒさんの時もそうです。

古家　イム・ジョンヒさん、懐かしいですね。「Music is My Life」の……。

キム　そうです、よくご存じですね。でも、BTSの曲には参加していなかったんですね。BTSの曲を作る方法というのは、当時はメインプロデューサーがトラックを作り、国内外のたくさんの作曲家からメロディーを集めます。その中から、メインプロデューサーがメロディーを選択して完成させていくやり方でした。私にもチャンスを与えてくれたので、4、5回くらい送ってみたんです。その中から一部が選ばれたのです。その次のアルバムの「DNA」のときも最初は参加したんですが、最後の最後でやり直しとなった時、私が忙しくて参加できなかったんです。一生後悔するでしょうね……。

古家　でも「피 땀 눈물（Blood Sweat & Tears）」は今も根強い人気がありますから。

キム　「피 땀 눈물（Blood Sweat & Tears）」当時は、BTSが、韓国国内では人気グ

ループでしたが、今のようなグローバルスターになる前だったので、プレッシャーを感じることなく作ることができました。そして、複数いる作曲家の1人であって、責任者ではなかったので、チャレンジする気持ちで気軽に参加できたんですね。採用されたのも短いパートでしたし。

古家　その点で言いますと、最近は、1つの曲にたくさんの作家名がクレジットされていますから、シンガーソングライターのように、1人のアーティストが作ったときとは、音楽のスタイルは違う気がします。

キム　そうです、全く違う音楽です。1人のアーティストが作る音楽は、自分の感性や物語を届けようとしますが、最近の曲は、ショーのための音楽という印象が強いですね。**ステージを意識した音楽**と言えばいいでしょうか。ですから、ラップパートやダンスブレイクもあるので、ダンスしやすいトラックを作る人が必要になります。ラッパーのために、ラップが上手に書ける人も必要ですし、歌唱力が強調されるパートも必要です。このように、いろんなパートが必要なので、これはショーのための音楽なんです。1人のアーティストが弾き語りをするのとは違います。**前者**

がマイケル・ジャクソンに近いとしたら、後者はボブ・ディランですね。なので、違う音楽になるしかないわけです。

古家　なるほど。マイケル・ジャクソンとボブ・ディラン……。

キム　今のアイドル音楽は、そういったショー音楽の観点から見ないといけません。ステージを考えるべきなんです。編曲においても同様で、例えば、フィンガースナップを入れるとすると、そのタイミングで照明が入ることも想像しながら作ります。

古家　そこまで想像しながら書いているんですね。

キム　はい、とても大事なことです。なので、私たちは曲のレファレンス（作曲の際に参考にする音源のこと）を考えるとき、音楽を聴くのではなく、ミュージック・ビデオを観ます。ミュージック・ビデオや振付動画などですね。同じベース音だとしても、そこでどんなパフォーマンスができるかを考えないといけないためです。

01:23:45

インドネシアでのオーディション番組

古家　「観る音楽」を意識されていることがよくわかる話ですね。ところで、今回、僕がどうしても代表に伺いたかった話があるんですが、インドネシアで放送された『Galaxy Superstar』というオーディション番組でメンターをされていましたよね？

キム　そうです。よくご存じですね。

古家　今は、どの芸能事務所も、韓国ではなく、他の国で現地プロデュースやオーディション番組の制作に関わって、いわゆるグローカルスターを輩出していますけれど、おそらくＲＢＷが初めてだったのではないですか？

キム　多分そうだと思います。

古家　Ｋ－ＰＯＰアーティストを輸出するのではなく、ノウハウを輸出するというのは代表のアイディアですか？

キム　いいえ、私ではなく、先ほども話したエージェンシー会社のときにやりました。レインボーブリッジエージェンシー時代ですね。現ＲＢＷとしてのエンタテインメント・ビジネスを始める前のエージェンシー会社の時です。その当時、会社の経営が苦しくて、たたむ直前だったので、新しい突破口が必要な時期でした。自分たちから進んでやろうというよりは、提案を受けて、キム・ジヌ代表と一緒に悩んだ末、「どうせやることもないし、やってみようか」と決めて参加したプロジェクトでした。

古家　インドネシアのプロジェクトは楽しかったですか？

キム　はい、とても楽しかったです。しかもキム・ジヌ代表はインドネシアの大統領と握手もしました。その写真があります。

古家　インドネシアの音楽シーンには可能性があると、日本の音楽関係者も良く話していますが、実際、どうでしたか？

キム　とても上手にこなします。東南アジアの方は、歌が上手い方がたくさんいるじゃないですか？　ビジネス的にというよりは、芸術的に音楽シーンはすごく発展していると感じましたね。

古家　でも、すごいのが、そのやり方が今ではスタンダードになりましたよね？　海外でオーディションを行って、Ｋ－ＰＯＰのノウハウを学ばせて、現地でデビューさせ、のちにグローバルスターとして飛躍させる……。大手のＨＹＢＥやＪＹＰもやっていますし、先見の明があったのではないですか？

キム　それは違うと思います。僕らは、依頼されてやっただけですから。私たちが最初から戦略を立ててやりましたと言っても、誰からも指摘は受けないと思いますが……。私としては、運が良かったと。与えられたこと、チャンスを無駄にせず、黙々とこなしていき、自然とこのような機会が与えられたような気がします。先ほども「MAMAMOOの成功を予想しましたか？」と質問されましたが、予想できませんでした。ガール・クラッシュで、時代の流れが変わると思ったこともありません。そこまで考える余裕もないからです。とりあえず、次に向けて頑張ろうと。それをやり遂げると、結局は、結果もついてきてくれました。年間チャート1位の2曲を、目標を立てて作ったわけではなく、与えられたことを頑張っただけですよね？他のみんなも同じだと思います。HYBEという大手芸能事務所を作ったシヒョクさんも、たまに会って話をすると、最初から全世界で活躍する会社になることを予想していたわけではなさそうです。ただ、**「次のアルバムを頑張ってつくろう」といった気持ちが積み重なって、今に至っている**ような気がします。

新しいプラットフォームへの対応

古家　もう1つ良いですか？　RBWが最近、中小の芸能事務所を買収して、会社の規模を拡大していますが、このようなビジネスモデルは、HYBEやSMなどの大手芸能事務所に対抗までは言わないとしても、対等に競い合うために、大切なことだと思いますか？

キム　正確には、私のアイディアではないんです。それは、会社の経営担当しているキム・ジヌ代表のアイディアです。彼が望んでいるのは、アーティストのスカウトももちろんありますが、**曲のIP（知的財産権）を保有**することに関心があるんですね。それがこれから先、大切なことだと思っています。それは私もある程度同意しています。IPを保有していれば、曲から派生して、**YouTubeやSpotifyなど、新しく生まれたプラットフォーム**で、いろんなことができるようになるわけです。

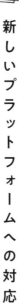

古家　確かに今世界的に音楽業界では、IP獲得に向けて、大手の音楽出版社がアーティストからその権利を購入しようと必死ですし、アーティスト自身も売却を急いでいるように感じます。

キム　IPをたくさん確保することで、有利になると思っているわけです。例えば、DSP MEDIAという会社は、Fin.K.L、Sechs Kies、KARAといった人気アーティストの音源を保有しています。その音源は、ものすごい価値を持っています。現在所属しているアーティストの価値ももちろんですが、それよりも私たちは、今まで作ってきた音楽（の価値評価）を買収すると考えます。キム・ジヌ代表のアイディアです。

欧米に飛躍するK-POP

古家　規模の拡大が目的ではなく、IPの確保がその背景にあったんですね。胸につかえていたものが取れた気がします。そろそろ最後の質問に近づいてきました。韓国におけるアイドルの歴史が四半世紀になりました。K-POPビジネスの著しい変化を改めて感じていますが、2010年代の海外活動のほとんどは、日本中心だったと言って良いと思います。今では、アメリカやヨーロッパにまで進出しています。RBWは、欧米のマーケットを、どのように考えていらっしゃいますか？

キム　もし、中国での活動が可能になったら、どうなるか分からないですが……。なぜなら、中国はアメリカくらい、規模の大きいマーケットですから……。現状、日本はもちろん大きくて良いマーケットですが、アメリカまでには至っていませんよね。アメリカ進出というのは、イコール全世界進出に値するものですから。以前は、いくら努力してもビルボードのチャートに、韓国人アーティストがランクインすることは想像もできませんでした。今では、BTSの場合ですと、アルバムをリリースする度に1位になりますよね？　それは、彼らの音楽をポップスの1つとして認めてくれているからだと思うんです。ですから、私たちもポップスの1つとして評価されるような、曲作りをしないといけないと思っています。以前は、日本やアメリカの音楽を参考にして曲を作ったりしていましたが、そういうことはもうできません。今では、私たちも彼ら、つまり世界市場をターゲットとした音楽界の一員になりましたから、マーケティングや戦略も、ポップス界の一員として、アプローチする必要があります。

古家　つまり、Ｋ－ＰＯＰではなく、**1つの音楽としての評価**ですよね？

キム　そうです。最近のアイドルの曲には英語の歌詞が多いですよね。以前のような簡単な英語ではなく、英語圏の人たちが聴いても違和感のない歌詞になっていますし、ＢＴＳの場合は、英語詞オンリーの曲も作っています。つまり、それ自体が、もう韓国国内ではなく、ビルボードのチャートに入る曲の1つとしてアプローチをしているんです。国内のＭｅｌｏｎチャートの順位よりも、全世界を意識して……。

古家　それは確かに。本当に昔とは違って、Ｋ－ＰＯＰの楽曲における英語詞の意味が変わってきましたよね。つまり、今後も、Ｋ－ＰＯＰの世界進出や成長の可能性はあるということだと思いますが、反面、抱えている問題もあると思います。

キム　問題は、最近小規模の芸能事務所が消えていく運命にあるということです。耐え切れないのです。以前は、ガールズグループ1組を制作、デビューさせるのに、20億ウォン（日本円で約2億円）くらいかかっていましたが、今では**200億ウォンが必要**です。

古家　２００億？

キム　本当です。なぜなら、以前はＰＲするのに数千万ウォンでできましたが、今は億単位ですし、ミュージック・ビデオもＭＡＭＡＭＯＯの時は５０００万ウォンだったものが、今では3億ウォンくらいかかるからです。つまり6倍に跳ね上がっています。ですから、規模自体が変わって大きくなっているので、小さな会社では耐え切れないのです。大きな会社に吸収されていき、今は恐竜のような大手の何社かだけが残るシステムに変わりつつあります。そのような大きな変化の時期です。ＲＢＷの場合は、小さいと言われたら小さいですし、大きいと言われたら大きい会社ですが、ＨＹＢＥのような会社に比べると小さいですし、小規模な会社に比べると大きい。ですから、その中間時点にある私たちはなかなか難しい状況なのです。

古家　では、今後生き残りをかけた戦いに勝つには何が必要になりますか？

キム　これからデビューするチームには、新しい何かが必要だと思います。7、8年前に、ＭＡＭＡＭＯＯが目新しかったように、何か**新しい〝システム〟が必要**だと思います。新しいパラダイムと言えばいいでしょうか。それは私たちも、同じように考えていかなくてはなりません。

古家　今、日本の音楽界はたくさんの問題を抱えています。旧ジャニーズ事務所とメディアの長きにわたる癒着によって、実力のあるアーティストたちの番組出演が難しい時代が長く続きました。ただ、日本は市場も大きく、ジャンルごとにファンダムが成熟していますから、更なる成長の可能性はあると思うんです。YOASOBIの世界的なヒットにも可能性を感じますし。ただ、どうも行き詰まり感が感じられます。今の日本の音楽界が必要とされていることは何だと思われますか？

キム　日本の音楽や市場についてはそれほど詳しくないですが、私が思うに、日本のロックバンドと、その音楽のレベルは本当に高いと思います。例えば、ONE OK ROCKのようなグループを見ても、上手すぎますよね？　すごいと思います。仲間たちとも一緒に話すんですが、日本の音楽は独創的なものが多く、歴史も長く、質の高い音楽がたくさんあると思うんです。ですから、それを知ってもらうことが大切だと思うんです。日韓それぞれの得意分野を活かして、切磋琢磨し、いろんな分野で一緒に発展していくのが理想ではないでしょうか。

※1　ユ・ジェハ音楽競演会……1987年に亡くなった歌手ユ・ジェハさんを称え、若い音楽家の発掘のために始まった音楽大会。

※2　ブライアン・ヒョンナイト……K．willさんの本名キム・ヒョンスと彼の好きなブライアン・マックナイトをかけ合わせた造語。

※3　音楽出版社……音楽著作権の管理・使用料徴収等を行う会社。P29参照。

M01

NewJeans
Attention

NEWJEANS（뉴진스）／
1ST EP [NEW JEANS]

レーベル
어도어（ADOR）
リリース
2022年08月01日

Composition
250, Duckbay (Cosmos Studios Stockholm)
Lyrics
Gigi, Duckbay (Cosmos Studios Stockholm), DANIELLE
Instrumental and Programming
250

ここからは、とっておきのK-POPソングを皆さんから寄せられたリクエストに基づいて紹介していきます。

1曲目は、やっぱりNewJeansからでしょう。リクエストもたくさん届いていましたが、今の時代を象徴するポップアイコンを選ばない理由はありません。曲は個人的には「Ditto」が一番好きですが、「Attention」を選びました。というのも、この曲がリリースされた時の衝撃があまりにも大きかったからです。

そもそも彼女たちはデビュー前から大きな話題になっていましたよね。SMで数々のアイドルグループのアートディレクターを務め、成功を収めてきたミン・ヒジンさんのために、HYBEが、「ADOR」というレーベルを用意し、そのレーベルからデビューさせた最初のグループという点で、注目度が極めて高かったわけです。これまでもK-POPシーンでは、J.Y.Parkさん やBlack Eyed Pilseungなど、プロデューサーの名前を全面に出し、プロモーションを展開するグループは数多く存在しましたが、いずれも音楽プロデューサーであって、曲作りが中心となっていました。でも、ミン・ヒジンさんは曲作りではなく、コンセプトをディレクションするという立場で、グループの色を決めてきたわけです。例えば、

SHINeeはデビュー当時から「Contemporary Band」を掲げ、「音楽だけでなく1つのカルチャーを作る」というコンセプトが、デビュー当時極めて斬新でしたが、まさに今のK-POPアイドルは、そんなSHINeeから始まったカルチャーを牽引する存在になったわけです。少女時代の「Gee」のカラフルなビジュアル・コンセプト然り、f(x)の『Pink Tape』は、CDのアート化のけん引役になるなど、K-POPが単なる音楽ジャンルを超えて、今や、1つのカルチャーとして世界的な影響力を及ぼす存在として君臨する礎を作った人であると言っていいと思います。そんな彼女が、レーベルの代表を務め、1から10まで、彼女の想いを具現化させたグループがNewJeansですから、誰もがその誕生を期待したわけです。そして、そんなNewJeansは、人々の予想の、遥か先を行くスゴイ存在だったわけです。

何が凄いのかというと、音楽的には、これまでのK-POPの常識にとらわれず、あくまでポップ・ミュージックの延長線上に彼女たちの音楽があるということ。特に「Attention」で展開するマイナーとメジャーを往来するコード展開は、例えばマイケル・ジャクソンの「Human Nature」やスイング・アウト・シスターの「Break Out」をはじめ、80年代以降の数々の洋楽のヒット曲・名曲で使い古された手法であり、特にAOR(Adult Oriented Rock、いわゆる大人向けのロック)で多用されてきたため、当然そこには懐かしさがあるし、心地よさがあるわけです。

2023年、突然「NewJeansおじさん」なる言葉が、SNS上で踊りましたが、結局おじさん層に刺さる音楽性というのは、そういった既視(聴)感あるサウンドだからで、それを10代の若い女の子が、自分自身のストーリーを叙事詩的な歌詞で表現するんですから、たまらないですよ。しかもビートは「どんなダンスを見せてくれるんだろう」という期待感を高めてくれる独特なグルーヴ感。メンバー5人の心地よい清涼感あるハーモニーは、まさに「私たちに〝Attention(注目)〟して」と言わんばかりです。

「トレンドの中心で、あるいは

トレンドとは無関係に、時代問わず老若男女に愛されてきた『Jeans』のように」という思いの込められた「NewJeans」というグループ名通り、このデビュー曲は、それを体現した1曲になっています。なお、韓国音楽コンテンツ協会が運営し「韓国のビルボード」を標榜する音楽チャート「サークルチャート」の「デジタルトップ200チャート」（2023年）で、NewJeansの曲が1位の「Ditto」をはじめ、「Hype Boy」（2位）、「OMG」（4位）、「Attention」（9位）の、なんと4曲がトップ10入りしたことが大きなニュースになりました。

M02

BTS
Black Swan

BTS(방탄소년단)／
4th Album [MAP OF THE SOUL : 7]

レーベル
BIGHIT MUSIC
リリース
2020年02月21日

Composition
Pdogg, RM, August Rigo, Vince Nantes, Clyde Kelly
Lyrics
Pdogg, RM, August Rigo, Vince Nantes, Clyde Kelly

リクエストが多かったのが、BTSの曲です。その中から個人的に一番好きなBTSの曲を選ばせていただきました。

よく僕も立場上、メディアから「どうしてBTSは世界的に人気を得ることができたのか？」という質問をされるんですが、多くの専門家やK-POP好き、そして彼らのファンであるARMYの皆さんが分析されているので、その回答については皆さんに委ねたいと思います。というのも、比較的近くにいた僕でさえ、その理由を1つ、2つに絞って「これです！」と自信をもって言えないから。それだけ、彼らの世界的人気の背景には、彼らが素晴らしい才能の持ち主であることはもちろんなのですが、さまざまな要因が絡み合った結果生まれた「現象」なので、個人的には、無責任に断定はできないんです。ただ……あえて僕的な考えとして言うならば、その成功の背景には、彼らには「物語」と「哲学」があるからと言えるのではないでしょうか。

「物語」というのは、彼らのドキュメンタリー『BTS Monuments: Beyond The Star』を観ればわかる通り、彼らが今の地位に至る過程には、さまざまなドラマが存在しました。そして、そのドラマは紆余曲折を経て、今に至っています。決して平坦な道のりではなく、どちらかと言えば、山あり谷ありだったといって良いでしょう。そして、その歩みのうち、日本活動における時間を共にしてきた僕としては、今でもそのドキュメンタリーで描かれていた1つ1つの出来事が、当時の彼らの日本で置かれていた状況とシンクロして、いろんな思いがこみ上げてきます。

「哲学」というのは、彼らが音楽に込めたメッセージ性のことをここでは指しますが、彼らのようなK-POP第3世代が登場した頃は、アイドルが音楽を通じてメッセージを発信するということは、正直ナンセンスというか、多くの大衆がそれを拒んでいたように感じます。つまり、それは「アイドルのくせに……」という一言で表現できるのではないでしょうか。「アイドルは歌って踊っていればいい」という認識が社会に蔓延っていた時代です。

ところが彼らはデビュー当時から、その壁に自ら向き合っていたわけです。彼らがデビューした時、彼らのことを「第2のソテジ」という人も韓国では多かったんですね。ソテジというのは、90年代に彗星の如く韓国歌謡界にデビューした、男性3人組グループ「ソテジ・ワ・アイドゥル」のこと。彼らは当時「10代の大統領」とか「文化大統領」と言われ、当時としては画期的だったラップを取り入れ、メッセージ性の強い楽曲で、政治家以上に若者に強い影響力を与えた存在として知られています。ただ、当時は、1988年のソウルオリンピックの開催を機に高まった民主化の波という、政治的な変革期と重なっていたこともあり、彼らのメッセージは強く響いたという、その成功の裏には環境的要因があったことは否定できません。つまり当時は、音楽には社会を変える力がまだあったわけです。

一方でBTSの時代は、韓国も経済的に先進国となり、90年代とは比較にならない豊かさがあって、SNSの普及もあり個々の生き方を重視する時代に、音楽で社会的なメッセージを届けようとするその方法論は、下手すると「ダサい」と思われ兼ねない危険性もあったわけです。そんな時代にBTSは、普遍的な「愛」に着目して、「人を愛すること、自分を愛すること」をテーマに掲げ、個々人の心と悩み、葛藤に向き合ったんですね。一糸乱れぬパフォーマンスとHIP HOPをベースにした音楽で勝負を挑んだわけです。そして、その挑戦はどのような結果をもたらしたかは、ご存じのとおりです。

そんな彼らの曲の中で、個人的に衝撃を受けたのが、アルバム『MAP OF THE SOUL:7』に収録されていた「Black Swan」です。まさに彼らの「物語」と「哲学」が凝縮された曲であると、僕は思っています。この曲ですが、まずMVとは別に「アートフィルム」という形で映像が公開されました。スロベニアに拠点を置き活動しているMNダンスカンパニーによる、「Black Swan」のシンプルな伴奏ヴァージョンに合わせたパフォーマンスが収められています。そして、その冒頭に、アメリカの20世紀最高の舞踏家として知られる、マーサ・グレアム氏の名言が映し出されます。

「舞踏家は二度死ぬ。最初の死は舞踏家が舞踏をやめるとき。そしてこの死こそが最も辛いもの」

"a dancer dies twice - once when they stop dancing, and this first death is the more painful." (Martha Graham)

BTSはこの曲で、自分たちにとって「最初の死とは何か」を問いかけています。舞踏家にとっては舞踏を辞める時がその瞬間であれば、BTS、つまりミュージシャンにとってはそれが何か……歌詞を読めば、それは音楽というものに対して情熱が失われる時であることが見えてきます。でも、BTSはこの曲で、自分たちはそんな不安を抱えながら生きていることを堂々と吐露していて、実際、毎日忙しく過ごす中、そんな音楽に対する愛と情熱を失いかねなかった現実と「Black Swan」という曲がシンクロして、音楽というものを超越した、何か、とてつもない、心に刻むメッセージを届けてくれるんですよね。

これだけ大きな成功を収めながら、同時に音楽への情熱を失いかねない恐怖とBTSが向き合って生きているという現実を、私たちは、自分の置かれている状況と重ね合わせて、勇気や希望を得ることができる。まさにBTSが世界的なアーティストになったのは、そんな彼らにしかできない、いや彼らだからこそ生み出すことのできる「物語」と「哲学」が、音楽に宿っているからだと思うのです。

M03

MAMAMOO
넌 is 뭔들
(You're the best)

MAMAMOO(마마무)／
1st Full Album [Melting]

レーベル
RBW、STONE Music Entertainment
リリース
2016年02月26日

Composition
김도훈、이단옆차기
Lyrics
김도훈、문별、솔라

今回、キム・ドフンさんとのインタビュー（P36）を通じて、MAMAMOOというグループがよりクリアに見えた感じがしました。「とにかく彼女たちは、歌とパフォーマンスが上手すぎたので、全く違うことをやろうと思いました。違い過ぎて『あの子たち何なの？』って思われるような、大衆受けしなくても、全く違うことをやろうと（インタビューから）」。キム・ドフンさんのこの言葉にMAMAMOOの魅力が集約されているのではないでしょうか。

MAMAMOOのデビュー当時、彼女たちは「アイドルか否か」という論争が、本国はもちろん、日本のK-POPファンの間でも少なからずあったんです。そういえば、Brown Eyed Girlsがデビューした時も、そんな話が持ち上がっていましたね。僕も彼女たちを紹介するにあたり、「実力派アイドル」と何度かラジオ番組で紹介したことがあり、今となっては「なんて軽い言葉で紹介してしまったんだろう……」と後悔しています。キム・ドフンさんとのインタビューを通じて、RBWがどんな覚悟でMAMAMOOを市場に送り出したのか……それを知れば知るほど、時代を切り拓くべくして生まれたグループなんだなぁということを実感しています。

僕が初めて彼女たちに会ったのは、2014年のデビュー当時。韓国でまだまだ知名度のない状況で、これから本格的に活動を始めるというタイミング。その際、韓国でインタビューさせてもらいましたが、その当時、ここまで売れるとは正直思ってもみませんでした。というのも、当時のガールズグループの流行とは明らかに違う方向性を打ち出していたからです。でもそれは、キム・ドフンさんがインタビューでも語っていたように、勝算があってのものではなかったわけですよね。

その後しばらく時間が経って、2017年に、日本で初めて単独ライブを行った際、一緒にお仕事をすることになったわけですが、その時の彼女たちの印象は、年齢の割に、実に大人っぽく、しかも自分という芯をしっかり持った人たちという感じでした。そして、その現場で直接観て、聴いた歌とパフォーマンスの実力が、驚くほど高かったこと。すでに韓国では「넌 is 뭔들（You're the best）」を前の年にヒットさせ、実力派グループとしてその地位を築いていたので、K-POPファンの間では、その名が知られていた存在だったわけですが、生のステージは、映像や噂で知る限りの彼女たちより、一回りも二回りも、僕の想像を上回るポテンシャルの高さを誇っていたんです。ただ、日本ではこのコンセプトが果たして受け入れられるのだろうか……どの層のリスナーに彼女たちの楽曲がヒットするだろうかと考えたときに、僕自身、その答えを明確に出せなかったんです。なぜかと言うと、音楽

的にはK-POPファンというよりも、より洋楽好きに受ける要素がありましたし、かといってキラキラ感を求めがちなヨジャドル（女性アイドル）ファンに刺さる要素は少なく、他の多くのK-POPグループが韓国デビュー後1、2年で日本デビューを果たしている中、2018年、韓国デビューから4年目にしてようやく日本デビューを果たせたのは、マーケティングに時間が掛かったという理由も少なからずあったと思います。

そんなMAMAMOOの代表曲といえば、この曲を挙げる人も多いでしょう。先ほども少しタイトルに触れましたが、1stフルアルバム『Melting』に収録されていた「넌 is 뭔들（You're the best)」。

タイトル通り、何においても「完璧な男」と出会い、その沼に落ちていく様を、時にコミカルに、そして、既出のMAMAMOOのヒット曲の、そのタイトルを文字りながら、その人の魅力を紡いでいく歌詞が秀逸で、この後リリースされる「強い女性像」を意識した楽曲群とは一味違った、でもMAMAMOOらしさをしっかり感じさせるラブソングになっています。

この曲は、当時のTWICEやGFRIEND、Red VelvetやBLACKPINKがブレイク中という時代で、彼女たちの楽曲とは一線を画す、いわゆるMOTOWNサウンド、より詳しく言えば1960年代から1970年代のMOTOWN初期を牽引してきたThe Supremesのような女性のソウルグループを意識したサウンドが印象的です。ソロパートだけでなく4人のハーモニー然り、懐かしいんだけど、ただそれに浸るのではなく、さまざまな味付けを施して、今までありそうでなかった色を作り出すことに成功しているんです。まさにこれがMAMAMOOにしか出せない「色」だったわけです。単にMOTOWNサウンドを真似るのではなく、そんな雰囲気を醸し出す、ラップもしっかり取り入れた、今風のダンスナンバーに仕上げているところが、「編曲職人」と言われるだけあるキム・ドフンさんならではの調理法だなぁと、聴きながら感心させられた1曲でもあります。

誰が聴いても楽しめる曲、カラオケで歌いたくなる曲って、やっぱり人気が出るんですよね。この曲、CDセールスの面では振るいませんでしたが、配信とダウンロードで圧倒的な人気を誇り、2016年を代表する楽曲になったのは、コアなファンダムから支持を得るという曲ではなく、誰もが鼻歌で口ずさめる曲を目指したからこその結果だったと思うんです。そして、この曲のヒットをきっかけにMAMAMOO自身も、一気に大衆的な存在になっていくわけです。

M04

NCT DREAM
Candy

NCT DREAM／1ST EP
[Candy - Winter Special Mini Album]

レーベル
SM ENTERTAINMENT
リリース
2022年12月16日

Composition
장용진
Lyrics
장용진
Instrumental and Programming
KENZIE

2023年、僕にとって大きな出来事の1つに、SMのアーティストと、久々にお仕事をさせてもらったということがあります。かつてはS.E.S、東方神起、SHINHWA、SHINee、SUPER JUNIORなど、K-POP第1世代、1.5世代と言われる、いわゆるK-POPアイドル創成期に誕生したSM所属アーティストの皆さんとはお仕事させてもらっていたんですが、いつしかすっかり距離が出来てしまいました。そんな中、実に十数年ぶりにSMのアイドルグループと『Neighbors Con』というオムニバスライブイベントで、ご一緒させてもらうことができました。その内の1組がNCT DREAMの皆さんです。

もちろん、一緒に仕事をしていなかったからといって、彼らに対する知識がゼロだったというわけではありません。NCTに関しては、楽曲も含め、ずっとチェックしていましたし、日本でもいかに人気があるかはわかってはいました。ただ、自分の仕事のポリシーの1つとしては、一緒に仕事をしていない人に関して、あまり自ら進んで語りたくはないというものがあります。

自分の仕事の1つであるイベントMCというのは、やはり、直接舞台の主人公たちと会って、楽曲やパフォーマンス以外の人柄や魅力を、感じて、それを咀嚼して、その良いところを引き出して、ファンや観客に伝え、共有するという役割があるので、一度も話したことのない人を評価するというのは、難しいわけです。ですから、今回NCT DREAMとお仕事させてもらえるということは、嬉しいと同時に、なぜ、ここまで高い支持を得られているのかを、肌をもって実感できるチャンスでもあったわけです。結果ですが……すごいグループでした。それは、僕がかつて共演させてもらったSMアーティストの皆さんだけが持つ、SMのアーティストらしい王子様的なキラキラ感と、クオリティーの高いダイナミックで洗練されたパフォーマンス、そして他の芸能事務所よりも意外な程、自由度の高い個性を活かすマネジメントがあって、それが僕の中では十数年の時を隔てて、さらにブラッシュアップされたと言えばいいでしょうか。初対面の印象は、本当にキラッキラだなって。

そんな彼らの曲へのリクエストも多かったのですが、中でも初のウィンターアルバムに収録されていたタイトル曲の「Candy」の人気が高かったんです。まさにSMの歴史と未来を背負った1曲だといってもいいでしょう。個人的には、1996年に原曲を歌ったH.O.T.の曲というイメージが強かったんですが、しっかり自分たちの曲として昇華させたところに、彼らの勢いを感じます。先行のビジュアルイメージで見せた、カラフルなファー素材の衣装や手袋、帽子といったアイテムは、まさにH.O.T.の「Candy」を想起させるものとなりましたが、もっと驚いたのが、SMサウンドの要であるプロデューサーの1人であるKENZIEさんが、原曲の良さを活かしながら、絶妙に今風な味付けを施して、古さを感じさせない曲に仕上げていたところ。原曲のMVにオマージュを捧げた場面や、ハンマーダンス、ピョンピョンダンスといった、当時話題となった振付もそのまま活かすなど、徹底して、そのコンセプトを受け継いでのリメイクというのは、珍しいパターンではないでしょうか。しかも彼らの持つ清涼感って、本当に魅力的ですよね。韓国では、当時を懐かしく思う30代から40代にも刺さり、10代にはそのちょっとレトロな感性が新しく感じられ、原曲を上回る勢いのヒットとなったことは言うまでもないでしょう。

ところで、この「Candy」って、SMP(SM MUSIC PERFORMANCE、P173参照)と呼ばれる、いわゆるSMっぽいサウンドを構築した、元祖ヒットメイカーであるユ・ヨンジンさんが手掛けた曲ではないんですよね。H.O.T.のメンバーになる可能性もあったチャン・ヨンジンさんが手掛けた曲なんです。しかも、H.O.T.の1stアルバムでも、2ndアルバムでも、最初の活動曲はそれぞれ「戦士の末裔」と「オオカミと羊」というユ・ヨンジンさんが手掛けたものでしたが、より大きなヒットとなったのが、それぞれの後続曲であった「Candy」と「幸福」というチャン・ヨンジンさんの手掛けた曲だったんです。後者の2曲の方が大衆ウケはしましたが、H.O.T.らしさを考えると、やっぱりユ・ヨンジンさんやメンバーのカンタさんが書いた曲に彼らの向かいたい方向性が示されていた気がします。

その後、チャン・ヨンジンさんは、SMのヒットメイカーという肩書は捨て、音楽プロデューサーとして、ソロのアーティストとして活躍後、現在はドラマ・映画の音楽監督として活躍中で、最近でもDisney+で配信されたドラマ『ハンガン警察(原題:漢江)』(2023年)の音楽監督を務めていらっしゃいます。

M05

Stray Kids
My Pace

Stray Kids (스트레이 키즈)／
2nd Mini Album [I am WHO]

レーベル
JYP ENTERTAINMENT
リリース
2018年08月06日

Composition
방찬, 창빈, 한, Earattack, Larmook (라묵)
Lyrics
방찬, 창빈, 한
Additional lyrics by
J.Y. Park "The Asiansoul"
Instrumental and Programming
Earattack, Larmook (라묵), 공도

Stray Kidsの曲にもたくさんのリクエストが届いていました。当然ですよね。「サークルチャート」が公開した2023年「アルバムトップ100」で、彼らのフルアルバム『★★★★★（5-STAR）』が554万枚の売り上げを記録して2位。そしてミニアルバム『樂-STAR（ROCK-STAR）』が399万枚を売って4位に入るなど、音盤セールスでは記録的なヒットを続けていて、この数字から彼らがいかにグローバルな支持を得られているかわかると思います。

彼らとお仕事をご一緒させてもらったのは、2019年9月にパシフィコ横浜で開催された初の日本単独公演「UNVEIL TOUR 'I am…' in JAPAN」の来日時に、Abemaの番組でMCを務めさせてもらったのが初めてでした。僕は、K-POPアーティストとの仕事の中で、特に新人アーティストの初ステージとか1stファンミーティングなどのMCを務めることが多いんです。なので、多くの新人さんのステージを直接観てきましたが、彼らのパシフィコ横浜で行われたライブに、とても驚かされたんです。新人のK-POPアーティストの特徴としては、テレビの音楽番組への出演が、まずもって優先されるので、テレビサイズに合わせたパフォーマンスしか経験していないアーティストが多いんですね。ですから、ステージの使い方がどうしても小さくなりがちで、オーディエンスを自分たちのライブに引き込んでいくことが苦手なんです。でもStray Kidsは、日本での初公演で、それをやっていたんです。これって本当にすごいことなんですね。

彼らの楽曲の多くは、メンバーのバンチャンさん、チャンビンさん、ハンさんからなるプロデューサーユニットの「3RACHA」が手掛けているんですが、僕自身のライブ体験から、彼らはテレビの音楽番組ではなく、ライブを想定して曲作りをしているんだろうなぁって感じたんです。

最近のK-POPアイドル達のライブって、ダンスパフォーマンスが見せ所というのが主流で、ライブというよりもショーに近いような気がするんです。歌は口パクでも、とにかくダンスをクールに見せるということに主眼が置かれている。もちろん、それはそれで素晴らしいと思いますし、それが魅力だと言われればそれまでですが、根本には音楽があって、音楽とは、基本的に聴いて楽しむものですよね。見せるという価値はかつてMTVの登場によって音楽の楽しみ方が変わったのと同じくらい、K-POPがそのベースを築いたと言えますが、とはいってもそれってその魅力をさらに引き立たせる補完ツールだと思うんです。でもStray Kidsのライブに行くと、音楽を聴いて、観て、楽しめるんですよ。そこも新鮮に映るというか、彼らの魅力だと思うんです。

その音楽に関してですが、彼らもまたマイク・デイリーのような世界的な音楽プロデューサーとコライトしていたりと、世界の音楽トレンドを意識していないわけではないと思います。でも、彼らの音楽的ベースにはヒップホップがあり、その根本にはインディーズ精神があると思うんです。自分たちのやりたい音楽的表現、伝えたいメッセージがある。それを周り、つまり流行に流されず、彼らしさを変えないところが評価され、大きな成功につながったんだと思うんですね。もちろん、皆イケメンで、ステージパフォーマンスでの強さと格好良さ、その一方、ステージ上でのMCやオフステージで見せるアイドル的なかわいらしさのコントラストが魅力的とも言えますが……。

そんな彼らの曲の中で、何をお勧めしたいかと言えば、個人的に好きな曲は他にあるんですが、そんなステージでの見せ方と大衆性を考えると、やはり「My Pace」かなぁっていう気がするんです。

「他人の事は気にしないで、君は君らしく、自分のペースで走ればいいんだよ」っていうメッセージが刻まれたこの曲は、2ndミニアルバム『I am WHO』のタイトル曲でもあります。人間って、どうしても他人と比較してしまうじゃないですか。そうじゃない人っていますか？ でもその比較って、結局、焦りや嫉妬心を生み、そして不安を募らせる。それをバネに、一念発起して成功を収める人は、相当強靭な心の持ち主だと思うんですよ。それだけ人って、弱いものなんだと思うんですね。Ｓｔｒａｙ ｋｉｄｓの言う「My Pace」は、別に他人に迷惑をかけながらも、自分のペースを守れと言っているのではなく、「自分は自分のままでいい。周りに流される必要はないんだよ」っていう言葉で慰めてくれるんです。

そしてイントロの「NaNaNa NaNaNa」の印象的なフレーズに、ヒップホップの敷居の高さはなく、極めて大衆的でかつライブを意識した言葉の演出で、強めのギターサウンドと相まって、この曲に強烈な印象を与えてくれます。活動初期の、この何とも言えない、良い意味でのインディーっぽさが、より格好良く感じるのは、僕だけではないはずです。ライブで聴くこの曲、最高ですよ。この曲にある疾走感と共に、彼らはここから一気にＫ－ＰＯＰシーンの頂点へと昇り詰めていくことになるわけです。

SPECIAL TALK WITH

ナ・ヨンソク

テレビ番組プロデューサー

続いてのゲストは……奇跡が起こりました。韓国で“リアルバラエティ番組の神”と言われ、多くの人気番組を輩出。日本でも、ナ・ヨンソクPD（Producer）といえば「あー、あの人か！」と思い出す人も多いでしょう。テレビ番組プロデューサーのナ・ヨンソクさんに、じっくり「ナPD流の演出術」についてお話を伺えたんです。なぜ人々はナPDとその番組に熱狂するのか。その秘密やこれからの野望を、探っていきましょう。

PROFILE

テレビ番組プロデューサー。公営放送局KBSを経て、ケーブルテレビ局tvNに入社。韓国を代表する大御所俳優たちが、俳優イ・ソジンをエスコート役に起用し、世界を旅する『花よりおじいさん』シリーズや、『三食ごはん』『ユン食堂』（いずれもtvN）など、日本でも人気の高い番組を多く手掛ける。SEVENTEENとの旅番組『NANA TOUR』が日本でも話題に。番組内では「ナPD」として登場することも多い。

イタリアから帰国直後のインタビュー

古家　撮影が終わって、帰国されてすぐのインタビューになるとは思ってもみませんでした。ありがとうございます。

ナ　**SEVENTEENというK-POPグループとの、旅番組**[※1]の撮影をして帰ってきたばかりです。

古家　SEVENTEENの皆さんとは僕も日本でお仕事をご一緒することが多いのですが、とてもバラエティ能力の高いチームですよね？

ナ　そうなんです。なので、撮影は楽しかったです。

古家　その能力に、どのようにして気づかれたのですか？

ナ　元々、あまり知らなかったのですが、メンバーとゲームを行うというYouTube番組の撮影があったんです。以前から、とても面白いグループだとは聞いていましたが、そのゲームの時に、**バラエティ能力が高すぎて、驚きました**し、とても楽しい雰囲気で撮影ができたんです。その時、メンバーが書いた願い事の中で、選ばれたものを叶えてあげることにしたんです。その中に「旅番組をやりたい」という願い事があったんですが、願い通り、東京ドームでのライブが終わるや否や、**半ば拉致状態で旅行**して来ました（笑）

バラエティ番組のPDになるまでのストーリー

古家　最初はKBS[※2]からそのキャリアをスタートされましたよね？

ナ　はい、そうです。

古家　元々、学生時代から、テレビ関連のお仕事をしたいと思っていらっしゃったのですか？

ナ　はい。大学の時は演劇をやっていました。それ以前は、それほど興味があったわけではなかったのですが、演劇が楽し過ぎたんですね。ですから、いずれ職業としても、似たようなことをやりたいと思ったんです。映画やテレビの仕事をやりたいと思い始めたのも、その頃です。そんな中で、ラッキーなことに、KBSに入社できました。

古家　番組といってもいろんなジャンルがありますよね？　特にバラエティに興味があったのですか？

ナ　最初は演劇をやっていたので、バラエティにはあまり興味がありませんでした。そして、ドラマは……やりたくなかったです。演劇をやっていた頃から、面白いことをやりたいと考えていたので、バラエティのＰＤになれたら、お笑い番組を作りたいと思いました。しかも、王道のお笑い番組。ですが、新入社員時代は、望み通りにはいかず、上の指示に従うしかなかったんです。偶然にも、最初からずっとバラエティ番組ばかりを担当することになり、２年から４年くらいやっている内に、「これはこれで楽しいな」と思えてきて。でも長くやってきましたから、もう王道のお笑い番組はやらせてくれない気がしたんです。

古家　**大ヒット番組である『1泊2日』を演出**することになったキッカケは、急だったと聞いたことがあるんですが。

ナ　バラエティ番組を担当していた時に、今の会社の代表であり、先輩であるイ・ミョンハクＰＤが、当時『１泊２日』のメイン演出を１年ほどやっていたんですが、それを私に引き継いでくれました。韓国ではよくあるパターンなんです。先輩が番組を立ち上げて、後輩に引き継ぐことが多いですね。ありがたいことに、1年くらい経った頃、私にメインPDのチャンスが与えられて、そこから『1泊2日』の演出をずっとやることになりました。

古家　日本では『1泊2日』によって、韓国バラエティに対する関心が高まったといって良いと思います。韓国のバラエティ番組を知ったキッカケが『1泊2日』だったという人も沢山いますよ。

ナ　そうですか？　すごくありがたいですね。

ナPD流の演出とは？

古家　ナPDが演出されたバラエティ番組の魅力の1つに、出演する方々が、みんな、良い人しかいないという、その雰囲気を挙げる人が少なくありません。やはり演出家として、その辺りは意識されていますよね？

ナ　まず、良くないところは編集します。**人間には、良いところも悪いところも**

あると思うんです。もちろん、パーセンテージでいうと、良いところの方が多い人をキャスティングするために努力はしますが、だからといって、100%善良な人って、いないじゃないですか？　誰もが良くないところはあると思いますし。ですから、冗談ではなく、もし良くない部分があるとしたら、編集をして、良い人に見せかけるわけではなく、できるだけ良い部分を、沢山観てもらえるようにするんです。それから、良い人に見えるのは、心が優しいことと同意語ではないと思うんです。**「魅力がある」**とか**「ウイットに富む」**といった点も、良い人に見えるポイントだと思います。私たちが『1泊2日』を制作する際、とても大切に思っていたのは、自然な演出でした。やらせっぽい演出はしないようにしようと。私もかつて『1泊2日』の前に演出をしたバラエティ番組では、「キュー」出しをしていました。でも**『1泊2日』では「キュー」や「カット」を出さなかった**んです。カメラが回り始めたら、あとはずっと撮影をするんです。ゲームの時は、当然しっかり撮りますが、休憩や寝る時もカメラは回っているので、出演者も、徐々にそのやり方に慣れていき、視聴者からすると、単純に画面に出ている人が、面白い人や才能のある人ではなく、同じように空腹を感じたり、眠くなったら寝たり、辛いときは腹が立ったりと、芸能人なんだけど、同じ人間に見えてくることで魅力を感じられると思うんです。ボサボサ頭の寝起き姿なんて、芸能人なら見せたくはないはずですが、むしろ、そのような姿から魅力を感じると思うんです。「あ、同じ人間なのね。普通の人なのね。私と同じなのね」と思えてくることで、（出演者が）飾らない素直な人として思われる気がします。

古家 ナPDが演出される番組に出演する俳優やタレントの方々の、好感度が間違いなく上がる気がするのは、そういった演出スタイルに秘密があったんですね。

古家 ところで、日本でもたまにPD、日本ではディレクターとか演出家と表現しますが、彼らが直接出演するバラエティ番組がありました。

ナ そうですね、ありましたね。

古家 韓国では、PDが直接出演する番組って、ほとんどありませんでしたよね？ナPDが最初だと思いますが……。

ナ 全く無かったわけではないですが、私のように出番が多くはなかった気がします。意識しない内に番組での出番が多くなって、恐縮ですし、恥ずかしいです。

0:23:45

自然な流れで番組に出演するように……

古家　演出家としての出演する場合、ご自身を演出するんですか？

ナ　いえいえ、始まりは偶然でした。『1泊2日』は旅番組じゃないですか。もちろん出演者たちにミッションを与えるとき、テロップや声優のナレーションでフォローすることもできますが、旅をしている間、予期せぬトラブルが起きるんです。例えば、船に乗ってどこかの島に行かないといけないのに、大雨や強風で船に乗れなくなるなど、こういう出来事っていうのは予想できないことですよね？　昔の番組では、それをどのように対処していたか分からない

言葉の端々に優しさがあふれるナPDからは学ぶことが多い。

ですが、私は予期せぬ出来事からもたらされる緊張感を、出演者たちと共有した方が断然楽しいと思ったんです。「大変だ！　船が運休になってる。どうする？」と言ったら、出演者も予想していなかったことですから、「どうしよう？　じゃあ、ここで宿探して、そこでゲームでもやりながら、撮れ高を考えよう」など、このような話し合いになるのが自然な流れだと思いました。そのようなケースで、PDが直接出演しなかったら、多分司会でおなじみのカン・ホドンさんを呼んで、事情を説明した上で、同じ内容を「みんなに説明してくださ い」となるわけですが、それによって危機感が半減しますよね？　伝言になってしまうとその緊迫感が伝わらないわけです。そうすることによって、出演者もその状況について一緒に考えながら意見を出し合って、それがまた面白いシチュエーショ

穏やかに、でも1つ1つの言葉を丁寧につむぐように話すナPD。

ンにつながると思うんです。以前だったら編集される部分だったのが、今は**出演者たちとコミュニケーションを取っていくことが、番組の面白いポイント**となりました。そして、長い期間一緒に番組をやっていくと、出演者とスタッフは仲良くなります。私はそれも**温かい部分**だと思いました。出演者は有名な芸能人で、スタッフは平凡な会社員ですけど、一緒に番組を作り上げることで、食事の際も、スタッフが食べていない状態の時に、「これ、どうせ残るんだから、一緒に食べよう」となるわけです。以前だったらカメラの内側と外側にいる人たちの交流は編集しましたが、私はこの状況自体が自然だと思いました。なので、私だけではなく他のスタッフともたくさんの交流があり、その流れでスタッフの代表である私が、カメラに映る場面も多くなったわけです。

古家　つまり結果的に……ということですね。

ナ　はい、そうなんです。

KBSからtvNへ。次々に生まれる大ヒット番組

古家　そんなナPDの演出スタイルが支持され、人気を得たわけですが、その後、KBSからtvN[※3]に転職されました。当時、tvNは、出来立ての新しいチャンネルでしたよね？

ナ　そうです。

古家　KBSで素晴らしい成果を生み、今思えば安住もできたわけですけど、あえて、新しいチャンネルに移ることへのプレッシャーはなかったんですか？

ナ　もちろん、ありました。むしろ、とても大きかったです。古家さんのおっしゃるように、KBSの『1泊2日』という番組が、想像以上にヒットしたので、新しい放送局で、新しくローンチングする番組は一体どんな番組だろうという期待もたくさん寄せられましたし、私自身も、その期待に応えて「やり遂げないといけない」というプレッシャーがたくさんありました。

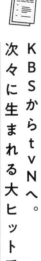

古家　でも結果的に、**「花より」シリーズ**が大ヒットして、**『三食ごはん』**や**『ユン食堂』**など、新しい可能性のある番組がたくさん作られ、いずれも大人気となりましたよね。そのアイディアの源泉といいますか、アイディアはどこから絶えず湧いてくるんですか？

ナ　私自身は、優れたクリエイターだとは思っていません。なぜなら、私が思う優れたクリエイターというのは、「ゼロから百」を創り出す人だからです。自分自身よく分からない分野だとしても、例えば、最近の人たちは運動が好きだから、運動に関する面白い番組を作ろうとなったら、それはゼロから百を作ることになります。でも、私は運動にあまり興味がないので、運動関連の番組を作ることに自信はありません。詳しくもないですし、うまくできる自信もない分野ですから。そこで、**私の好きなことを、少しずつ形を変えながらやってみよう**となりました。なぜなら、私の好きなことは、きっと他の人も好きだと思ったからです。美味しいものを食べたり、新しい場所に旅行したりすることが好きな人って多いと思うんです。そういった題材の番組を、少しずつ方向性を変えながら作ってみたらどうだろう。『花より』シリーズはいきなり旅行する話ですし、『三食ごはん』は都心ではなく、田舎で三食を作る話です。私たちの好きなことを、時代に合わせて少しずつ形を変えながら番組を作っているだけなんです。

古家　なるほど。そんなナＰＤの番組に出演されている方の中で、**イ・ソジンさんが代表的**だと思うんですが、普段、俳優として活躍されている姿では、決して見ることのできない、温かい人間味のある一面を見せてくれます。それぞれが持っている人間的な魅力は、人によって全く違うと思うんですが、どのような演出で、それが表現できているのでしょうか？

ナ　イ・ソジンさんが、人間的に魅力的だからだと思います。私は、番組を作ることは、**とある実験室に、その人を閉じ込めること**だと思っています。撮影をする理由は、その人のことを、もっと知るためです。例えば、古家さんがどんな人なのか、今日初めて会ったので分からないですけど、韓国語も流暢ですし、好印象で面白い人だと思いますが、私がいきなり、この部屋に古家さんを閉じ込めて、10時間後にドアを開けてあげるとしたら……。

古家　怖い（笑）

ナPDの作業室で。仁川空港から帰国したばかりのため、そばにはスーツケースが……。

ナ　警察に通報するかもしれないですし、友達に電話をするかもしれない。もしくは、どうせ10時間後に開けてもらうんだからと、ここに横になったり、いきなりテレビを観始めたりするなど、いろんな行動をしますよね？　それは、実験室に閉じ込められた人が誰なのかによって、結果が変わってくるわけですけど、その行動からだけでも、その人のキャラクターや人間性などを感じることができるわけです。10時間、撮りっぱなしだとしたら、例えば、古家さんが友人に電話で悪口を言った内容は編集させてもらいます(笑)。その一方、ここでテレビを観たり、半分諦めた状態で、ソファに寝転がったりする姿は、可愛らしい姿だと思います。それも、古家さんのありのままの姿だと思うので、そういう姿を流すと、視聴者はその人を魅力的に感じるでしょう。なので、私は答えを決めてから演出をするよりは、ある状況にその人物を置き、旅行に行くけど、年配の方々と一緒に行かなければならないとか、田舎で自炊をしながら生活をしなければならないなど、特殊な状況に置かれることで見せてくれる普段の姿の中から、**魅力的な部分を選んで放送で流す**のです。

個性豊かな出演者たちの魅力

古家　とはいっても、ファンであればスターの魅力は一般の視聴者よりわかっていると思うので、番組を通じて、俳優やＫ－ＰＯＰアーティストの魅力をたっぷり見せてくれるナＰＤは、事前にものすごくリサーチや、その人の魅力を知った上で、番組を制作していると思っていたのですが……。

ナ　もちろん、リサーチもやります。勉強もします。その人がどういう人なのかは、インターネットでも情報がたくさんあるので、そういったソースを使って勉強もします。ですから、そういった部分も含めて、撮影していく中でその人が持っている魅力は何だろうと注意深く観察して、放送の際は、そのような部分を編集して流すわけです。

古家　ところで、番組の出演者を選ぶ基準などは、ナPD的にはあるんでしょうか？

ナ　人気のある人だと良いですね（笑）。私も、職業として番組制作をしているので、番組自体、人気が出た方が、それは嬉しいですよ。でも人気のある人が出ているからといって、必ず成功できるわけではありません。**その人のどんな魅力を見せることができるだろうか……**それが一番大切だと考えています。例えば、今回はSEVENTEENと撮影をしてきたんですが、表面的には以前、別の番組でメンバーから「旅番組を一緒にやりましょう」という話が出てきたから撮影してきたわけです。でも、もし私が彼らと一緒に旅行に行きたくないと思ったのであれば、番組の中で編集して流さなかったと思います。そうすれば、誰も知ることなく、旅番組を作る必要などなかったわけです。でも、SEVENTEEN全員と一緒に撮影するのは、今回初めてだったんですが、終日撮影をしながら、メンバーの皆が、とても魅力的に感じたんです。撮影して、改めてその魅力に気づいたのです。撮影ではいろんなゲームをやりましたが、13人という人数で、10年近くグループ活動を続けるというのは、決して簡単なことではないですし、喧嘩や揉め事もあるはずですが……ゲームの合間の30分くらいの休憩時間に、メンバー同士でいろいろ話し合いをしているんです。「さっきはとても面白かった」とか「上手だった」とか、お互い褒め合うんです。それがとても新鮮でした。それって決して簡単なことではないんですけど、**メンバー全員が褒め合う**んです。特にバラエティ番組では、自分が他のメンバーより目立ちたいとか、牽制するなど、それぞれ内に秘めている心、思いがあるはずだと思ったのですが……お互い励まし合う姿を見て、ゲームがうまいだけではなく、とても健全で心が優しいメンバーたちだと思ったんです。だったら、一緒に旅行をしても、きっと楽しいと思いました。撮影現場で見せてくれた魅力的な部分を、旅行しながら引き出すことができると思って旅行を決めたんです。そして、私は全く知らない人と番組を作るのは得意ではありません。それもあって、私の番組に出演する人は被ってしまいますね。イ・ソジンさんやカン・ホドンさんが、その代表だと思います。

古家　そういった面では、ＢＴＳのＶさんのキャスティングにも少し驚きました。

ナ　まず、**キャスティングした理由は、ＢＴＳだから！**　世界的に大人気じゃないですか。なので、よりたくさんの方に、番組を観てもらえますよね？　それが１つ目の理由で、２つ目は、韓国では**ケミ〈ケミストリー〈化学反応〉〉**といって、良い関係性がとても大事ですが、以前から私が一緒に番組をやっていた、俳優のパク・ソジュンさんやチェ・ウシクさんが、いずれもＶさんとプライベートでも仲が良いんです。私は、ソジュンさんと４、５年一緒に仕事をやってきたので、彼のことをよく知っていますけど、Ｖさんとは、１度だけ一緒に撮影したことがあるだけで、互いをよく知る仲ではありませんでした。でも、私がよく知っているソジュンさんやウシクさんは本当に良い人なんですよ。その２人と仲の良い人だったら、間違いなく良い人のはず。長い間、親友関係が続いているのであれば、もちろん彼らのケミもあるはずなので、一緒に番組をやりたいと話したら、Ｖさんも快く引き受けてくれました。

古家　ナＰＤは、韓国で**「リアルバラエティの神」**と称されていますが、どんな気持ちですか？

ナ　え？　初めて聞きましたけど……。

古家　いいえ、いいえ。日本でもそのような内容で、記事も沢山出ています。

ナ　そうですか？　ありがたいですけど……。ただ、私は仕事をしながら、他人を観察するのが楽しいんです。そして好きな人たちと一緒に仕事をするのが好きです。もちろん仕事は大変ですけど、やっていると楽しいんです。もちろん、番組のヒットというのが一番重要なことではありますが、それと同じくらい大事なのは、良い人たちと一緒に仕事をするときの温かい雰囲気、それが本当に好きです。それをちゃんと撮影して、番組としてお届けできれば、その温かい雰囲気も、画面越しで伝わると思います。面白い冗談を言うとか、ゲームで笑わすことも大切ですけれど、出演者たちが一緒にいるときに交わす雑談でも、観ている視聴者はほのぼのとした気持ちになったり、心が温かくなったりするのは、演出で作れるものではありません。「じゃあ、今から温かい雰囲気を作ってください！」という演出はできないです。それは自然に生まれるものですし、それを違和感なく番組の中で見せることができれば、視聴者も同じように、感じてくれると思います。「バラエティ番組だから面白いのは当然」だとは思いますが、その合間に、特有の**人間的な温かい雰囲気が出せたらいい**なと思っていますし、その方向性で番組を作ろうと、日々努力しています。

テレビ番組とYouTube

古家　そういえば、ＹｏｕＴｕｂｅもされていますよね？　メインストリームでずっとお仕事されてきましたが、ＹｏｕＴｕｂｅを始めたキッカケは何ですか？

ナ　放送を取り巻く環境が、あまりにも早く変わりますからね。大きな放送局のＰＤではありますが、新しい媒体が次々と出てきますよね。ＹｏｕＴｕｂｅをはじめ、さまざまな配信プラットフォームもありますし、いろいろと新しいメディアが出来ているので、「それを経験しないと出遅れてしまうのでは」と、私だけではなく、一緒に仕事をしている仲間同士でもよく話をしています。その正体を知るためには勉強するのではなく、実際やってみないと分からないので、**「新しい媒体が出て来たら、私たちも挑戦してみよう」**と話し合った上で、まずはＹｏｕＴｕｂｅを始めたわけです。正体が分からないまま、それが主流になってしまうと、生き残れないですよね？　なので、経験してみるのです。ですから、何か大きな理由があるわけではないんです。「あれは何だろう？」と、気になるくらいならやってみようと。

古家　ＹｏｕＴｕｂｅをやってみて、新しい可能性を発見しましたか？

ナ　はい。でも、たくさんの紆余曲折がありました。ＹｏｕＴｕｂｅを始めた当時は、やはり本業はテレビ番組を作ることですし、経験としてＹｏｕＴｕｂｅをやっているると思っていたので、いろいろと試してみました。最近は、先輩・後輩や同僚のＰＤや作家たちといろんな話をしたり、仲の良い役者の方々を呼んで、一緒に食事しながらお喋りをするコンテンツを作っていますが、とても楽しいです。テレビ番組よりはリラックスできて自然な魅力が出るので、これで儲かるとかではなく、やっていて楽しいですし、やりがいを感じます。テレビ番組は収入を得るための仕事だとしたら、ＹｏｕＴｕｂｅは趣味生活のような感じです。これで利益を出さなくても良いのですが、これを理由にして、後輩たちと会話ができたり、視聴者の方々とコミュニケーションを取れるのが楽しいです。

古家　ＹｏｕＴｕｂｅで扱ったアイディアが、メインストリームの放送で活用できる可能性も、もちろんありますよね？

ナ　もちろんあります。例えば、私たちのＹｏｕＴｕｂｅでやった『出張、十五夜』というプログラムですが、アイドルの所属事務所などに訪問して、１日、もしくは数時間くらいで、短く収録する時もあって……もちろん、長い場合では、２日くらいかけて撮影することもありましたが。それを今回、『ソジンの家』のメンバーでやってみたんですよ。これは、テレビ番組として放送しても面白いと思ったので、テレビでもやってみました。ＹｏｕＴｕｂｅでやったプロジェクトを、このようにテレビで放送することもありますし、この前イ・ソジンさんと『ニューヨーク　ニューヨーク』というコンテンツを撮影したんですが、それは元々テレビ番組だったものを、規模を縮小して、より自然な感じのＹｏｕＴｕｂｅコンテンツにした方が良いと思い、『ニューヨーク　ニューヨーク　シーズン２』は、ＹｏｕＴｕｂｅで公開することにしました。テレビ番組の企画でも、ＹｏｕＴｕｂｅ向けだと思ったら方向転換しますし、ＹｏｕＴｕｂｅで始めたけど、サイズアップしてテレビ番組にした方が良いと判断したら、そのようにしています。

新しいことへの挑戦

古家　シーズンのお話をされましたが、元々、韓国のテレビ番組ではシーズンの概念がありませんでしたよね？

ナ　ありませんでしたね。

古家　新しいシーズンを始めることに対して、上を説得するのは、難しくなかったですか？

ナ　日本はどうですか？　どのようにしていますか？

古家　日本ではシーズンという表現はあまり使わず、同じタイトルで、少し形を変えながら変わらず放送するタイプが圧倒的に多いですね。

ナ　毎週木曜の20時の番組だとしたら、人気がなくなるまで？　ずっと？

古家　はい。そうですね。たまに放送時間の変更はありますが……。

ナ　毎週放送するということは、本当に大変ですよ。『1泊2日』は、毎週の放送で5年ほどやりましたが、まず体力的に辛かったのと、人気がなくなったら、番組は打ち切りになってしまうだろうなぁということを考えると、嫌でしたね。いくら面白い番組でも、ある瞬間に終わってしまうということは、結局人気がなくなって放送局から「もう終わらせなさい」と言われるのと同じことだと思います。人気があるときは、局の社長たちが訪ねてきて「ありがとうございます。古家さんのお陰でこんな視聴率が出ました！」と言っていたのが、1年後に段々人気が下がって、「もう終わらせたいんです」って言われたら、古家さんだって焼酎飲んで、泣きながら帰るわけじゃないですか？　それが本当に嫌なんですよね。古家さんがこんなに頑張って栄光の時代を迎えられたのに……。私としては、できれば芸能人たちに、栄光だけを味わってもらって、その**栄光の時代に幕を下ろしたい**んです。視聴率が下がったから終わるのではなく……。

古家　日本でバラエティ番組を演出してみたいとは思わないですか？

ナ　日本語ができたらやりますけど、バラエティにおいては、言葉の問題が大きいですね。とてもやってみたいんですが、日本語さえ出来れば……古家さんの韓国語能力くらい日本語が出来るのであれば、ぜひやってみたいです。むしろ、面白いと思います。私と日本の芸能人とでは、趣向や文化も違うので、ぶつかるかも知れないですし、それこそ楽しい気がします。日本だけではなく、他の国の芸能人や人々は、どんな感じなんだろうって気になりますし……。私たちが今まで作ってきた方法でバラエティ番組を作ってみたら、どんな結果が出るんだろうか……気になります。チャンスさえあればやりたいですが、でも言葉はとても重要です。私は、出演者の心の奥深くまで見ないとその魅力を引き出すことができないので、私が通訳を通じて会話するだけだと、深い共感はできないと思うんです。

古家 ドラマや映画の演出とは違いますよね？

ナ 違います。かなり違うと思います。

古家 もちろん日本で、何回か撮影はされましたよね？

ナ もちろんです。

古家 撮影場所としての日本はどうですか？ 面白い場所ですか？

ナ とてもいいところです。日本は近いですが、韓国とは文化が似ているようで違います。近いから、韓国と似ている雰囲気なのでは？ と思うかもしれませんが、例えば、北海道などは、全く違う雰囲気のある場所です。なので、**ロケ地としての日本はとても魅力的**です。

古家　では、これからも撮影する可能性が？

ナ　もちろんあります。政治的な問題さえなければ……。ロケを考えていると、そういう時に限って、政治家同士が喧嘩するじゃないですか。すると、ご存じの通り、大衆の世論は、その都度変わるじゃないですか？　日本人が韓国人を嫌いだと思うこともあるでしょうし、韓国人も「日本には行くな！」という空気になることもありますから。大衆の機嫌を取るしかない私たちの立場としては、敏感になるしかないんですね。そういうところが、障害物になることはありますね。

古家　とてもお忙しいと思いますが、時間があるときはどのように過ごすのがお好きですか？　寝ること以外で（笑）

ナ　それが下手なんです。最近一番悩んでいることです。働きすぎだったみたいですね。**時間があるとき何をすれば良いのか、よく分からない**んです。なので、1、2年前から、シン・ウォノPD、イ・ウジョン作家とみんなで同時にゴルフを始めました。私たちも他の人たちみたいに、趣味というものを持ってみようと。なので、最近は時間があるとき、一緒にゴルフに行ったり、旅行に行ったりするくらいです。

古家　ずっと撮影や編集……。

ナ　そうですね、番組が続いていますからね。

ナPDの野望とは？

古家　では、ナPDに野望はありますか？

ナ　野望ですか？　そうですね、あります。

古家　どんな野望が？

ナ　今はＮｅｔｆｌｉｘのようなもの〈グローバルＯＴＴ〈配信プラットフォーム〉〉がいろいろありますが、5年、10年前と比較すると、映像業界のおかれている状況はずいぶん変わりました。地球の文化というのは、地域ごとに異なり、壁もありましたが、今はＹｏｕＴｕｂｅやＴｉｋＴｏｋを開くだけで、現在、日本で有名な歌手たちが歌う姿をリアルタイムに簡単に観ることができます。昔、テレビしかなかった時代は、日本の番組を観たいと思っても、観ることはできませんでした。韓国の放送局で、正式に輸入して放映してくれない限り、観ることはできなかったわけですが、今ではＹｏｕＴｕｂｅやＮｅｔｆｌｉｘに、日本の有名なドラマ、映画、バラエティ番組がアップされているので、簡単に観ることができます。しかも、日本だけに限らず、他の国のものもです。でも、これは私だけではなく、日本の方々も同じ状況だと思います。以前は、日本の放送局で輸入して放映する韓国ドラマやバラエティ番組だけを観れたとしたら、今は興味のある人が、いつでも、どこでも、どんな番組でも観れますよね。つまり、地球の文化、特にコンテンツがより身近になった気がします。すべてのクリエイターがそうだと思いますが、単純に韓国（国内）の視聴者だけに観てもらうためではなく、よりたくさんの人々に観てもらいたいという欲望が生まれます。それを分かりやすく、韓国では「グローバル向け」とよく言いますが、単純に国内向けの番組を作るのではなく、何かを作ったとき、アメリカや日本、ヨーロッパの人々までもが好きになれる番組、できれば**全世界の人々が好きになれる番組を作りたい**ですし、それが夢であり、私の野望ですね。

古家　そんな環境の中で、番組制作において一番大切なことは何だと思われますか？

ナ　日本でもこんな言葉がありますか？　「共感」。

古家　同じ意味の言葉があります。

ナ　同じですか？　それならわかってもらえると思いますが、例えば、あのトム・クルーズが出演したとしても、田舎でご飯を作るために薪割りをするときは汗をかく。そして、視聴者は「ああ、トム・クルーズも同じなんだなぁ」と。私はそのような部分が、世界中の誰もが、同じように感じられる部分だと思うんです。「共感」できれば、どの国の視聴者も、面白いと感じてくれるはずです。

古家　美しい言葉ですよね、「共感」。まだ言えない部分もあると思いますが、次はどんな番組を準備されていますか？

ナ　企業なら3年計画、5年計画、10年計画など、長期目標というのを設定するじゃないですか？　私たちのチームはそういうのをやらないんです。1週間後、1カ月後くらいの計画でしょうか。そして、常に掲げている目標は、「今週の放送される番組を面白く作ろう。1カ月後に控えている撮影を頑張ろう」。そして、その撮影

ナPDの会社「egg is coming」の新社屋での2人。

が終わって放送されたら、それを観た視聴者の反応を見ながら、次の計画を立てます。遠大な計画などは立てませんので、今後何をやることになるかは、私自身もよく分からないんです。

※1 SEVENTEENとの番組……『NANA TOUR with SEVENTEEN』。2024年よりスタートした旅バラエティ。本書の取材当日に、ナPDはこの番組の撮影を終えてイタリアから帰国したばかりで番組名もまだ未定だった。
※2 KBS……日本のNHKにあたる韓国の公営放送局。
※3 tvN……韓国のエンタテインメント企業CJ ENMが運営するケーブルテレビチャンネル。

M06

SEVENTEEN
예쁘다
(Pretty U)

SEVENTEEN(세븐틴) ／
1st Album [First 'LOVE&LETTER']

レーベル
PLEDIS Entertainment
リリース
2016年04月25日

Composition
WOOZI, BUMZU, 원영헌, 동네형
Lyrics
WOOZI, BUMZU, S.COUPS, Vernon, 승관
Instrumental and Programming
WOOZI, BUMZU, 원영헌, 동네형

SEVENTEENの皆とも、随分と長い付き合いになります。だからこそ、2023年11月に東京ドームで開催された韓国を代表する音楽授賞式「MAMA」で最高賞の1つである「今年のアルバム賞」を受賞した際、その感動と喜びを、同じ空間で共感できたと思うんです。「サークルチャート」が公開した2023年「アルバムトップ100」で、彼らの10枚目のミニアルバム『FML』が売上枚数554万枚で1位、そして11枚目のミニアルバム『SEVENTEENTH HEAVEN』が480万枚で3位を記録。特に「FML」は、IFPI(国際レコード産業連盟)が発表した「2003グローバル・アルバムチャート」で1位……つまり世界で最も売れたアルバムとなったんです。

デビュー当時から、彼らがスター街道を歩んでいたわけではありません。「13人組という人数の多さが、成功への道を遠ざけている」という韓国メディアの声もあったほどです。更にデビュー当時から、〝DIYアイドル〟として、曲からパフォーマンスに至るまでを、自分たち自身で作り上げることへの懸念も少なくありませんでした。でも僕は、デビュー前から彼らのそのひたむきな姿と努力、才能を見ていて、いつかは大成するだろうけど、その瞬間がいつ来るのかという予想が出来なかったのも事実です。

　大成する確証を持てたのには、いくつか理由があります。まずは、とにかく全員がとても仲が良いこと。彼らと仕事をしていて、暗い空気が漂っている現場を見たことがありません。もちろん、本人たちだけでいる時間には、さまざまな困難もあったかと思いますが、彼らの雰囲気に、いつも癒されていた自分がいます。2つ目は、唯一無二なその楽曲。いわゆるK-POP第3世代に属する彼らですが、第3世代のアーティストの特徴としては、海外勢のコンポーザーを使った楽曲によるグローバル化が挙げられますが、SEVENTEENの楽曲は、そのほとんどをメンバーのウジさんを中心に、SEVENTEENのキャラクターに合った楽曲を作り上げているところに、その価値があると思うんです。なので、他のグループが世界的な音楽の流行を積極的にキャッチしながら取り入れている中、あくまで、SEVENTEENのメンバーがステージでどんな風に花開くのかを見据えた楽曲制作をしていることが、曲を聴いただけで感じられるんですよね。流行に媚びない、SEVENTEEN POPというものがそこに存在していると思うんです。そして3つ目が、そんな楽曲を用いた13人によるカル群舞《グンム》（カル「刃」のようにキレのある群舞「群れをなしてダンスする」こと）があります。どの曲も13人だから出せるダイナミックで、優雅で、そして、ピッタリ揃ったパフォーマンスで、観る者を引き付けてやみません。

　そんな彼らのタイトル曲の中で、特に彼ららしさが感じられるのは「예쁘다（Pretty U）」ではないでしょうか。活動初期を代表する名曲ですが、13人のメンバーたちが持つ、その少年的な感性を最大限に引き出した1曲で、彼らにとっては音楽番組で初めて1位を取った記念碑的な1曲でもあります。爽やかで、疾走感があって、一度聴いただけで耳に馴染むメロディーがあって……完璧なポップに仕上がっていますが、歌詞にも登場する「예쁘다（かわいい）」という言葉には、単純に好きな女の子に「かわいいね」と伝えているのではなく、「愛してる」とか「好きだよ」という言葉で愛を語れない、シャイな青年の精一杯の愛情表現という感

じの意味があって、その世界観と曲のフィールが絶妙に融合されているんです。男の僕が、とても共感できるって、すごいと思いますよ。

　そして、何といっても、そんな素晴らしい楽曲に合わせて作られたパフォーマンスがさらに素晴らしい。ステージにはソファが設けられ、まるでミュージカルを観ているような、歌詞の世界に合ったドラマティックなパフォーマンスが繰り広げられるんですよね。青春の甘酸っぱさが濃縮された、SEVENTEENにしか生み出せない、SEVENTEENだから表現できるそのパフォーマンスを観れば、誰もがCARATになってしまうと思います。

M07

BLACKPINK
불장난
(PLAYING WITH FIRE)

BLACKPINK／
2nd single Album [SQUARE TWO]

レーベル
YG ENTERTAINMENT
リリース
2016年11月01日

Composition
TEDDY, R.Tee
Lyrics
TEDDY
Instrumental and Programming
R.Tee

BTSと共に、K-POPという枠を超えて、世界的なポップスターになったのが、彼女たちBLACKPINK。BIGBANGや2NE1などのトップグループを輩出してきたYGが、7年ぶりにデビューさせるガールズグループということで、デビュー前から相当な注目を集めていました。世代的にはK-POP第3世代に属する彼女たちですから、同時期から活動していたTWICEの多作振りとよく比較されるほど、寡作なグループとして知られています。

　第2世代たちの日本での大ブレ

イクがあり、アイドルグループがビジネス的に大きな成功を収められると気づいた韓国の音楽業界は、それ以降、つまり第3世代になると、市場を日本を含め、アジアから世界へと広げることに注力し、グループ数も急増。とはいえ、流行のサイクルも早く、新規ファンの獲得のため、新譜のリリースも、とにかく早くなりました。かつては1年にフルアルバムを1枚、ミニ（スペシャル）アルバムを1枚リリースして、その中からタイトル曲と、同じアルバムからもう1曲の活動曲として後続曲で活動するペースが普通でしたが、今は音盤に頼らず、気軽に配信だけのデジタルシングルのリリースもできるようになったせいか、デビューから2年で11枚のシングルとアルバムをリリースしているガールズグループBillieのような存在もいるほど、とにかく飽きられないように、忘れられないように、リリースし続けることが音楽界で生き残る重要な手段になっています。

そんな中、BLACKPINKは、3作目の『SQUARE UP』まで、そのリリース間隔が半年から1年という長さで、このスローペースなリリースに対して所属事務所であるYGに、ファンから相当な抗議が寄せられたのは言うまでもありません。そもそもYGは、BIGBANGをはじめ、所属アーティストの新作リリースが遅い芸能事務所としてファンの間ではよく知られています。よく言えば、良いものをじっくり作って、満を持して発表することで、新曲へのニーズを最大限に引き出すとも言えますが、悪く言えば、創業者でありプロデューサーでもあるヤン・ヒョンソクさんのタイミング次第ということもあり、ある意味大きな賭けでもあったわけです。それだけ慎重だったのは、彼女たちのデビューと同じ年に、世界的なブレイク寸前で2NE1が解散したこともあり、2NE1を超える成功が、必然的に求められることになったことも理由としてあったわけです。

そして、結果的にその戦略が見事に的中するわけですが、2NE1と同じプロデューサーのTEDDYさんが生み出すEDM的なサウンドに、エスニックな要素と韓国歌謡的なメロディが組み合わさった楽曲はそのままに、彼女たちならではのエキゾチックで魅力ぁるビジュアルが加わったことで、2NE1とは違った魅力を打ち出すことに成功。さらに、今ではどの芸能事務所も積極的に展開している、ハイブランドやグローバル企業と積極的なコラボレーションを展開し、メンバーをブランドアンバサダーとして活躍させることでセレブ感を際立たせ、音楽業界に留まらないポップアイコン化にも成功させたことで、メンバーの驚異的なInstagramのフォロワー数獲得に至らせたわけです。

また、本国韓国での活動を強く意識せず、ワールドツアーの日程にそのスケジュールの多くを割くなど、あくまでグローバルグループであることを全面に押し出すことで、「K-POPグループのBLACKPINK」というよりは、「グローバルポップグループのBLACKPINK」という印象を植え付けることに成功したわけです。このBLACKPINK自身のブランド化というのは、韓国の音楽業界が今後、生き残りをかけた戦いに勝利するために、重要な成功例としてどの事務所もベンチマーキングの対象になっているのは言うまでもないでしょう。

そんな彼女たちのヒット曲の中で1曲選ぶのは難しいんですが「불장난(PLAYING WITH FIRE)」を選びました。シングル『SQUARE TWO』のダブルタイトル曲のうちの1つですが、この曲を選んだ理由があります。FMラジオ局で長くラジオDJを務めていると、当然、その日番組でかける曲の選曲をするわけですが、この曲のイントロは、その前にかけていた楽曲が、スローな曲であっても、アップテンポな曲であっても、自然とつなげてしまう魔力があるんですね。それはやはり、その切ないピアノのイントロにあります。曲自体は流行のトロピカルハウスですが、親にも注意されたけど、急に恋に落ちてしまった心を、どうしようもできなくなったその様子、恋を「火遊び」に例えたこの歌詞が同世代から多くの共感を得るに至った理由の1つでしょう。リリース時は年齢的に、まさに少女と大人の女性の狭間にいた彼女たちの、恋に対する思いを的確に表した詞は秀逸。ちなみに불は「火」、장난は「冗談、遊び」という意味があ

りますが、日本語と同じように、불장난には、実際に火を使った危ない遊びのことだけでなく、「危険な恋」という意味もあるんですね。切ないイントロで恋のはやりを、リズムで抑えられない気持ちを表現したドラマティックな曲の展開も見事です。

　グループ活動に関しては、引き続きYGで行うことを発表した彼女たちですが、ソロ活動はこのあと各々自分の新しい所属先と共に行っていくそうです。そしてこの発表に合わせるようにYGの新人「BABY MONSTAR」がデビュー。このタイミング……偶然のように感じないのは僕だけではないはずです。

M08

ATEEZ THE REAL (멋) (흥:興 (excited/fun ver.))

ATEEZ (에이티즈) ／
Re-Package Album [ZERO: FEVER EPILOGUE]

レーベル
KQ Entertainment
リリース
2021年12月10日

Composition
이든 (EDEN), Ollounder, LEEZ, Peperoni, Oliv
Lyrics
이든 (EDEN), Ollounder, LEEZ, Peperoni, Oliv, 김홍중, 송민기
Instrumental and Programming
이든 (EDEN), Ollounder, LEEZ, Peperoni, Oliv

「僕たち韓国で街を歩いていても、あんまり声をかけられないんですよ……」。

　ある日、イベントの休憩時間に、僕の控室にやってきたメンバーのホンジュンさんがつぶやいた一言です。僕がイベントの控室にいると、いつも顔を出して、おしゃべりしに来てくれるATEEZのメンバー達。正直、他のグループと仕事をしても、そのようなことはほとんどありません。それだけ人懐っこさがあるわけで、それもまた彼らにハマってしまう理由の1つでもあります。

　そんな彼が率いるボーイズグルー

プ「ATEEZ」が、アメリカのビルボードメインアルバムチャートである「Billboard200」で初めて首位を獲得。2ndアルバム『THE WORLD EP.FIN : WILL』がテイラー・スウィフトの『1989（テイラーズバージョン）』とドレイクの『For All The Dogs』など錚々《そうそう》たるアーティストを抑えて1位になったんです。

ホンジュンさんの言葉からもわかるように、ATEEZは早い段階から、韓国国内以上にワールドツアーを積極的に行って、海外市場をターゲットにプロモーション活動を展開してきました。その背景には、彼らが所属するような中小の芸能事務所の場合、K-POP第3世代たちのグローバルな活躍以降、事務所の資金力がそのままヒットにつながるケースが増え、ただでさえ競争の激しい韓国国内でまともに戦うよりも、その活動のフィールドを広げ、グローバルな人気を獲得した方が、その活躍の場も広がるという認識が浸透していったのです。先の成功例として、KARAの所属事務所として知られるDSP MEDIA所属の男女混合グループ「KARD」が挙げられます。彼らは残念ながら、韓国では決して人気が高いとは言えませんが、特にスペイン語圏では人気を博していて、活動のフィールド、その中心はもっぱら海外となっていて、それが成功を収めているんです。

とは言っても、グループそのものに魅力がなければ、人気を得ることはできませんし、ビルボードのチャートで1位を取ることは無理でしょう。そのベースには、「憑依《ひょう い》ドル」と言われるほどの強烈なパフォーマンスと、ヒップホップをベースにした音楽、ワールドツアーを通じてファンとの積極的な交流を育み、ファンダムをしっかりと築いたことが、こうした大きな成功につながったわけです。

2018年の11月にデビューした彼らですが、デビュー前からそのパフォーマンスビデオでの驚異的な実力がK-POPファンの間でも話題になっていたんですよね。僕が初めて彼らに会ったのは、日本初上陸と同じタイミングの2019年5月に幕張メッセで開催された「KCON JAPAN 2019」の会場でした。あんな尖がった音楽をやっているのに、舞台裏での彼らは人懐っこくて、一言でいうならキュート。一気に彼らの魅力の沼に引きずりこまれたのは言うまでもありません。それ以降、日本でイベントを行う度に、MCとして関わっていくことになりますが、とにかく人間力に満ち満ちたメンバーたちなんですよね。でも、何といっても彼らのパフォーマンス力のすごさは、目を見張るものがあります。とにかくパワフルで、彼らが足を踏みしめるパフォーマンスをする度に、心と体が揺さぶられると言えばいいでしょうか……1つ1つのステージに全力投球していることがわかるんですよね。あと、ライブでソロステージというものがほとんどなく、ほぼグループで舞台を見せるところも彼らの特徴で、つまり、休んでいないんですよ。なのに、ファンサービスにも全力で取り組みますし、笑顔を絶やさない。ですから、2024年2月にさいたまスーパーアリーナで行われた「ATEEZ 2024 WORLD TOUR [TOWARDS THE LIGHT : WILL TO POWER] IN JAPAN」で見せたユニットとソロステージは実に新鮮で、また新しい魅力が発見できた感じです。

僕は彼らから、BTSやBIGBANG、MONSTA Xといった海外での成功の歴史を築いてきたボーイズグループと同じ「香り」を出会った頃から感じていました。

そんな彼らの楽曲は、やはりパフォーマンスでより映えるものになっています。中でも「THE REAL (멋)(흥:興(excited/fun ver.))」は、個人的に大好きな1曲ですし、リクエストも多かったんです。学校を舞台にした、韓国の伝統美も取り入れた、独特な世界観のMVには、彼らがこの曲に込めたメッセージがあらゆる形で表現されていて、「自分の価値観を信じることは、自ら前進させ、それが最終的に成功を導くんだ」ということを伝えてくれます。ただ、自分の信念を貫くことって、決して簡単ではないと思うんです。周りの環境も影響を与えますし、社会がそうさせてくれないことも多々あるでしょう。でも、それはわがままではないことをこの曲は教えてくれます。自分のスタイル、つまり「멋」を持つことが、クールであり、認められることにつながっていくわけです。僕はこの曲に、彼らそ

のものを感じずにはいられません。厳しい競争にさらされているK-POP界において、母国である韓国よりも、海外での活動を優先することは、母国のファンからかなり厳しい批判にさらされることは、K-POPファンであればお解りでしょう。でも、自分らしさを貫くことで、ATEEZは、夢であったビルボードのチャートで1位を獲得することができたわけです。

控室で、アリーナツアーを成功させる中、僕が「あとは東京ドームに立つだけだね」と聞いた時、ホンジュンさんが日本語で「まだまだです。でも行きたいです」って言っていたんですよね。その夢が実現されるのも、そう遠くはない気がします。

M09

TOMORROW X TOGETHER
날씨를 잃어버렸어 (We Lost The Summer)

TOMORROW X TOGETHER
(투모로우바이투게더) ／
3rd mini Album [minisode1 : Blue Hour]

レーベル
BIGHIT MUSIC
リリース
2020年10月26日

Composition
Slow Rabbit, Pdogg, Charlotte Grace Victoria Lee, LIL 27 CLUB, Charlotte Aitchison, Kyle Bladt Knudsen, Colton Ward
Lyrics
Slow Rabbit, Pdogg, Charlotte Grace Victoria Lee, LIL 27 CLUB, Charlotte Aitchison, Kyle Bladt Knudsen, Colton Ward

2019年3月にデビューしたTOMORROW X TOGETHER（以下、TXT）とは、日本デビューからずっと、イベントやメディアの仕事でご一緒させてもらってきました。彼らのデビュー年度と言えば、オーディション番組によるデビュー組が増え、ちょうどコロナ禍直前。

そんな環境下で、オーディション番組出身ではなく、練習生としてトレーニングを積み重ね、同じ事務所であるBTSの弟分として大きな期待を受けながらのデビューとなった彼らは、我々の想像を超えるプレッシャーの中、音楽界でその一歩を踏み出したわけです。

僕が彼らに初めて会った時の印象は、ひたすら真面目。そして、寡黙で、シャイな感じ。でも、温かくて優しい彼らは、まさにどんな学校にも存在する、学級委員長のような、絵に描いたような優等生な感じでした。ところが、ステージで見せるパフォーマンスは、美しさのある格好良さを見せてくれる、BTSとは全く違った魅力のあるグループだったわけです。僕も当時は「第2のBTSのような存在」といった形容を、彼らに使わざるを得ない時期もありましたが、すぐにそうではないことに気づき、「Only TXT」という価値を自分の持つメディアで紹介するようにしてきました。

新人賞10冠を達成し、American Music Awardsに参加したり、5thアルバムが「Billboard 200」で初登場1位を獲得するなど、その世界的な活躍に目が行きがちですが、本人たちは至って冷静で、以前、メンバーのヒュニンカイさんに、その世界的な活躍に対して「おめでとう、すごいね」と声をかけたところ、「嬉しいですが、自分たちが本当にその場に立って良いのかと考えた時に、まだまだこれからだと思うので、これからもっと頑張ります」と語っていたことがすごく印象に残っているんですね。どこまでも謙虚で、そして、自分が置かれている状況を客観的にみて、それを分析して、糧にしながら前へと進んでいる彼らの成功の秘訣が、そんな彼の言葉からも見えてくるんじゃないでしょうか。

そんなTXTの魅力はどこにあるのか。これも人それぞれだと思いますが、まずは、恐ろしいほど美しいメンバー達で構成されているということ。そして、彼らのパフォーマンスには物語があり、それが楽曲やMVのストーリー性や芸術性に深くリンクされていて、それを個々人の表現力によって、TXTらしさとして引き出されているところではないかと思うんです。

デビュー直後の彼らの物語には、ファンタジーの世界観が宿っていました。「9と4分の3番線で君を待つ(Run Away)」は『ハリーポッター』を意識した作品でしたし、「ある日、頭からツノが生えた(CROWN)」では、思春期を迎えた少年たちが成長する過程で受ける痛みを「角」に例えるなど、その世界観は童話のようであり、ファンタジーの世界が、そこにあったわけです。

そして満を持してリリースした3rdミニアルバム『minisode1: Blue Hour』では、タイトル曲である「5시 53분의 하늘에서 발견한 너와 나 (Blue Hour)」がBTSの「Dynamite」のヒットで勢いづいたK-POPシーンにおけるディスコサウンドブームに乗る形でタイミング良くリリースされ大ヒットを記録しました。このアルバムのプレス会見でメンバーのヨンジュンさんが「ディスコジャンル特有の楽しく活気に満ちた魅力に、TXTだけのおぼろげな清涼美が調和されたのが違いで、BTS先輩の後を継いで、もう一度ディスコブームを繋げていきたい」とその抱負を語っていたように、TXTの魅力はその「おぼろげな清涼美」なんですよね。確かに、メンバーは思いっきり清涼感のあるルックスなんだけど、青年期特有の闇を抱えている、そんな雰囲気を醸し出していると言えばいいでしょうか。それが曲の世界観にしっかり反映されているからこそ、共感を生むんですよね。

ただ今回、そんな魅力あるタイトル曲ではなく、あえて収録曲である「날씨를 잃어버렸어 (We Lost The Summer)」を紹介するのは、まさに今の時代を反映しているからなんです。「新型コロナウイルス感染症のパンデミックによって、学校にも行けず、『完全に変わった世界』を経験する10代の物語を表現した(所属事務所談)」この曲ですが、プロデューサーを務めたHYBE議長でもあるパン・シヒョクさんが、韓国のIMF危機(P173参照)からインスピレーションを受けたhans bandの大ヒット曲「오락실 (ゲームセンター)」からアイデアを得たそうなんです。

hans bandってご存じでない方も多いと思うので説明しますと、1998年にデビューした、教会で音楽を学んだという、当時中学生だった、キム・ハンナ、ハンビョル、ハンセムの三姉妹によって結成されたバンドで、"ハン"3人で構成されるのでhans bandと名付けられたそうです。僕は当時、韓国に留学していたこともあって、彼女たちのデビューの様子をまさにテレビで直接目撃することができたわけですけど、セーラー服を着た3人が、シンプルなバンド構成で歌うその姿は、

当時の韓国ではかなり画期的で、1stアルバムに収録されていた「先生愛しています(선생님 사랑해요)」は、中学生らしい爽やかな歌詞とポップなサウンド、初々しい歌声が三位一体となって耳に残る名曲でした。でも、タイトル曲はこの曲ではなく先に紹介した「오락실」で、この曲は、思いっきりトロットな曲だったので、なぜ中学生がバンドを組んでまでこんな曲を歌うのか、不思議でたまらなかったのですが、歌詞がIMF危機によって国家的経済破綻を起こし、経済的に最悪な状況に追い込まれた、当時の韓国におけるお父さんの姿を、子ども目線で描いたものになっていたところに彼女たちが歌う意味があったわけです。あまりに純粋な目線で表現された、父たちの姿に、多くの人々が共感して大ヒットになったんですね。IMF危機を語る際に、よく引用される曲として、今も歌い継がれている名曲です。この曲に目を付けたというところが、さすがパンさんだなぁって思ったんです。

「チクタク」と響くイントロの秒針、いや振り子の音が、曲全体に響くシンセリフに繋がっていき、過ぎ去っていく時を止められない、この時代に生きるMZ世代の「僕の季節を返して欲しい(意訳)」という心の叫びがあまりに切なく、まさに今の時代を切り取った、TXTならではのおぼろげな清涼美が曲全体を包み込んだ名曲に仕上がっています。彼らもまた、デビュー後、上り調子で来ていた最中にコロナ禍に突入し、ファンとのつながりを大切にしたグループ名を擁するにも関わらず、ファンとの直接的な対面が出来なくなるなんて、想像できなかったはず。このカムバックも対面できない中でのプロモーション活動を余儀なくされ、誰よりも苦しい思いをしたのは彼らだったはずです。そして、この先約1年間もこの状態が続くとは当時は全く誰も想像できなかった訳で、こうしてアフターコロナを迎えたいま、ようやくこの曲を客観的に聴けるようになった人も多いでしょう。この曲で「コロナブルー」を経験した10代の共感を得て、「時代を語るアイドル」という評価を得るにつながりましたが、この経験をバネに、TXTは更なる成長を遂げることになるわけです。

M10

ONF
If We Dream

온앤오프 (ONF) ／
1st single Album [ON/OFF]

レーベル
WM ENTERTAINMENT
リリース
2017年08月02日

Composition
이주형 (MonoTree)
Lyrics
이주형 (MonoTree)
Instrumental and Programming
이주형 (MonoTree)

突然ですが……「PURETTY」って、ご存じですか？　2012年にデビューした、当時「KARAの妹分」として注目された5人組ガールズグループです。僕は、KARAの日本デビュー当時から、所属事務所のDSPと一緒にお仕事をすることが多かったので、KARAのコンサートツアー『KARASIA』の会場で社長から「日本でも活動するので」と紹介され、ご挨拶させていただいたことを今でも鮮明に覚えています。そして、その後自分のラジオ番組にも出演してもらったこともあり、今でも日本デビューシングル「チェキ☆ラブ」を口ずさめるほどです。

なぜONFの曲を紹介するにあたって、PURETTYの話をしたのかというと、そのシングル「チェキ☆ラブ」の作曲・編曲を手掛けたのが、コンポーザー集団「MonoTree」のユ・ジサン（G-High）さんとイ・ジュヒョンさんだったからなんです。そう、ONFと言えばMonoTreeと言ってもいいくらい、ONFのデビュー時から、楽曲の作詞・作曲・編曲までを一貫して手掛けているんですね。デビューの時から、楽曲プロデューサーがずっと一緒のグループってほぼいないくらい、プロジェクトごとにプロデューサーが変わるのが当たり前な中で、この関係値を保っているというのは、いかにアーティストと芸能事務所が彼らを信頼しているか……わかりますよね。

　もともとMonoTreeは2014年12月に立ち上がり、10人の作曲家たちが所属する集団が、会社としてその歴史をスタートさせました。そのMonoTreeの中心人物が先に挙げたユ・ジサンさん、イ・ジュヒョンさん、そしてその名前は多くのK-POPファンにも知られているファン・ヒョンさんの3人。もともと3人は、KARAやINFINITEの名曲を数多く手がけた作曲家ハン・ジェホさん、キム・スンスさんを中心としたプロデュース集団「Sweetune」のメンバーとして活動していました。

　その中でも、ファン・ヒョンさんのことが良く知られるようになったきっかけは、Mnetで放送された番組『Road To Kingdom』に、ONFと共にその姿が頻繁に映し出されたからではないかと思います。

「名曲グルメ」「名曲の宝庫」などなど、ONFを形容する際には、まずその音楽性の高さ、楽曲の良さが先行するのは、まさにこのファン・ヒョンさんが書く、ONFのタイトル曲の良さがあるからでしょう。

以前、HYBEが発行している「Weverse Magazine」に掲載されたファン・ヒョンさんのインタビュー記事を読ませてもらいましたが、ONFとの信頼関係の深さやファン・ヒョンさんの音楽に対する姿勢が細かく書かれていて、とても読み応えのある記事だったので、ぜひ読んでもらいたいです。

そこから僕が感じたのは、売れ線の曲を作るというよりも、ご自身がその曲に対して、感動や共感できるような、そんな曲を作ろうと努力されている作曲家だなぁと。

それは曲を聴いていても何となく感じられて、どこか懐かしさのあるコード進行なんだけど、一味違ったファン・ヒョン印のある……つまり大衆性と自分のやりたいこと、いわゆる「芸術性」のバランスが絶妙なんですよね。

　ただ、ファン・ヒョンさんに関しては、さまざまな記事がネット上にある一方で、そのほかのMonoTreeの作家さんたちの声はあまり見えてこないのが事実。そして僕自身は、そのなかなか声が届かないイ・ジュヒョンさんの曲に関心があるんですね。

　さて、その話に行く前に、ここでようやくONFについてお話させてもらおうと思うんですが、現在はRBW傘下となったB1A4やOH MY GIRLを輩出したWMエンタテインメント出身のボーイズグループが、ONFです。グループ名は「対極にあるONとOFFのように、歌唱とダンスとラップ、それぞれに長けたメンバーが集結したチームである」ことを表しています。

2017年8月に1stミニアルバム『ON/OFF』でデビュー。「B1A4の弟分」であったことから、日本でもデビュー前からK-POPファンの熱い視線が彼らに注がれていました。2018年3月には日本にて初めてのファンミーティング「ONF 1st Fanmeeting ~ LIGHTS ON in JAPAN」を開催。この時以降、僕は彼らと共に、日本活動をご一緒することになったわけです。

2018年8月にはデビューシングル「ON/OFF - Japanese Ver. -」で日本デビュー。いろんな思い出がありますが、当初7人組でスタートしたものの、2019年8月に1名が脱退。現在の6人組構成となりました。

ただ、B1A4のように、順調にヒット街道を進んでいったわけではありません。とにかく曲は良い。でも、それがなかなか広がっていかない。きっとそれはファン・ヒョンさんの大衆に迎合するだけではなく、いい曲を届けたい思いが強かったことも、理由としてあったのかもしれません。でも、『Road To Kingdom』への出演で、一気に注目が高まったことが背景にあるとはいえ、名曲誉れ高い「Beautiful Beautiful」で、デビュー4年目にして初めて音楽番組で1位を獲ることになり、メンバー達も本当にうれしかったようです。コロナ禍が明け、2023年にようやく開催された日本でのファンイベントの際、その期間の話を直接聞くことができて、よかったです。やっぱり良いものを作っても、知られなければ始まらないということを本人たちも感じたようです。

そんな彼らの曲の中で、個人的に好きな曲がバラード曲。そのバラードの多くをイ・ジュヒョンさんが書いているんですね。ファン・ヒョンさんがタイトル曲の多くを手掛けている一方、イ・ジュヒョンさんは、アルバムに収録されている、聴いて唸る名曲を書かれている印象が強いんですが、特に1stシングルアルバム『ON/OFF』に収録されている「If We Dream」を聴いた時は驚かされましたし、タイトル曲以外も、1曲1曲丁寧に作られ、歌われているなぁって感じたんですよね。ピアノをメインに、シンプルなリズムとベース、そして彼らのボーカルで構成されているこの曲は、韓国の王道バラードの構成に、ポップかつ感傷的なメロディを乗せていて、パフォーマンスする際にも、踊らず、歌のみという、他のグループではあまり見られない手法が取り入れられています。それは、イ・ジュヒョンさんのこだわりのようで、『「アイドルだから、バラードもこうでなくてはならない』というセオリーに乗ったパフォーマンスをするのではなく、いい曲を、いい歌を聴かせたい」という思いがあるようです。最初のピアノのイントロから最後のメンバーの息遣いに至るまで、1つの芸術作品を魅せられているようなこの曲は、ONFの歌い手としての一面をしっかり魅せ、聴かせてくれる1曲だと思います。

SPECIAL TALK WITH

キム・イナ

作詞家

韓国最高の作詞家として知られ、最近でもIVEの「I AM」が世界的なヒットに。それに加えて、ラジオDJとして、テレビ番組のMCとしても活躍。作詞家という領域を超えた「エンターテイナー」としての存在感も大きく、彼女の生き方に憧れる人も少なくありません。特に、ラジオDJとしての彼女は、そのプロの作詞家として見せる「言葉」の取捨選択が見事で、そこにはリスナーが一番求めている「共感」と「愛」にあふれています。今回、タイミングよく、キム・イナさんに直接会ってお話を聞くことができました。そんなキム・イナさんの「言葉」の力を紐解いていきたいと思います。

PROFILE

韓国で知らない人はいない人気作詞家。03年頃から活動を始め、14年には作詞家として著作権収入で1位に。特に作曲家イ・ミンス氏とのコンビで、IUやBrown Eyed Girlsの代表曲の多くの作詞を担当。また韓国MBCラジオの人気番組『キム・イナの星の輝く夜に』のDJとしても活躍。最近ではオーディション番組のメンターやMC、コメンテイターとしてテレビ番組においても欠かせない存在に。

0 1:23:45

日本語の実力は？

古家　キム・イナさんの存在は日本でもK－POPファンの間ではよく知られていて、バラエティでも活躍されていますから、日本のファンから日本語でファンレターやメッセージをいただくこともあると思います。日本語を勉強された経験はあるんですか？

キム　勉強したいとは思うんですが、どうしても平仮名・カタカナが覚えられないんですよね。でも、例えば「お金がないんです」とか……簡単な日本語はわかります。

古家　（笑）

キム　ある時、「明太子はどこにあるのか」を日本でスーパーの店員さんに聞いたことがあるんですが、「明太子」という単語を知らなかったので「魚の赤ちゃん、ありますか？」と聞いてしまいました。

古家　魚の赤ちゃん（笑）

キム　でも、ちゃんとわかってくれて「あ！　明太子ですね」って。苦労の末に、コミュニケーションをとれました。英語で話せばいいのでしょうが、**何とか日本語を使おうとはしています**。

古家　**さすが「言葉のプロ」**。すごいですね。

音楽を効果的に使ったドラマ『応答せよ』シリーズ

古家　『応答せよ１９９７』っていうドラマはご覧になりましたか？

キム　もちろんです。『応答せよ』シリーズは韓国で、大ヒットしましたし、今でも話題になる作品です。

古家　ｔｖＮで放送され、当時、ケーブルテレビチャンネル史上、最高視聴率を記録した作品ですよね。

キム　そうですね。特に、『応答せよ１９９７』には、歌手出身のソ・イングクさんとＡｐｉｎｋのチョン・ウンジさんが主演で、スタッフの皆さんは、元々バラエティ番組を作っていた方たちだったので、実は私、最初はあまり期待していませんでした。「歌手の人たちが演技をして、バラエティ番組を作っていた人たちが作るドラマなんておもしろいはずがない」と思っていたんです。私は元々、ドラマが始まると同時に観るタイプではないんですが、周りの人たちが「『応答せよ１９９７』って、本当に面白いよね」って話しているので観てみたら……**完全に新しいドラマの形を作り出したなという感じ**がしましたね。

古家　プロの目からご覧になって、どんな点が他のドラマとは違って、特別な魅力があると思いましたか？

キム　既存のドラマは、ストーリーにおいてまずキャラクターに何かが起こって、「果たして彼らはどうなるのか」を見せるのが主な目的じゃないですか。今でも他のドラマにおいてはそうだと思いますが、この作品においては、目的が違うんです。バラエティ番組の制作スタッフが作った作品ということもあって、彼らの目的は、このドラマを観る視聴者たちが、１９９７年当時を振り返り「ああ、そうだ。当時はこうだったよね」と感じてもらえるように、全編にわたって細やかに刺激を与え続けることだったんです。その新しさに、無意識のうちに、完全にハマってしまったんですよね。それでありながら、ストーリーもしっかりしていたし。しかも新鮮だったのは推理ドラマの要素もあったことです。「果たしてこの中で誰と誰が結婚するのか？」それが『応答せよ』シリーズの最も基本的な、クイズのような、そんな独特な特徴が、これまでのドラマ作品では感じることのできなかった点だった思います。

古家　実は僕、このドラマの舞台である、90年代後半に韓国へ留学していたんです。

キム　そうだったんですね。

古家　当時はIMF危機時代[※1]で、ある意味、韓国社会が大きく変わろうとしていた時に韓国に留学していたので、ドラマを観ながらあれこれ感じることがありました。

キム　当時、韓国にいらしたのなら、私よりもずっと当時の風景が見えたでしょうね。私は当時、韓国にいなかったので。

古家　アメリカにいらっしゃったんですよね？

キム　はい。それでも当時、誰もが知っていた1990年の半ばから後半にかけての音楽がかなり活用されましたから、私自身も、その時のことを思い出しましたね。おそらくあのドラマほど音楽をうまく活用したドラマって、なかったんじゃないかなって思います。その場面にあったぴったりの音楽で……。

古家　ちょうど、韓国でアイドルの歴史が始まった時代でしたよね。今や世界的な人気を誇るＫ－ＰＯＰアイドルですが、当時のアイドルは、今のアイドルとはちょっと違う感覚でしたよね。

キム　完全に違いましたね。今は音楽やステージが、よく言われる「世界観」というものに、昔よりももっと入り込んでいると言えばいいでしょうか。アイドルになりたい人たちのすそ野も広がり……すそ野が広いということは、それだけ実力のある人たちが、たくさん集まるということです。端的に言えば、アイドルたちの実力が、全体的にとても上がっています。それに比べ当時は、もっと「魅力」と「企画」に重きを置いていました。だから所属事務所がどんなグループを企画して、どんなコンセプト、どんな音楽で彼らをデビューさせるのか。どんなメンバーを選ぶのかは、実力よりも、そのコンセプトに合うことを優先させ、そこで魅力を発揮できるかどうか……その戦いだったんじゃないかと思います。

古家　なるほど。

H.O.T.の躍進

古家　そんな当時のアイドルシーンを開拓した歴史的アーティストといえば「H.O.T.」ですよね。キム・イナさんは、当時アメリカにいらっしゃいましたが、その存在はご存じでしたよね？

キム　当時、アメリカにいた韓国からの留学生たちは（彼らに）興味があったかもしれませんが、そもそもアメリカに住んでいた在米韓国人たちは、韓国の歌番組や歌手に、あまり関心はありませんでした。

古家　そうなんですか？

キム　はい、もともとは。でも、留学生でもなく在米韓国人が、初めて車を走らせながら韓国歌謡をかけ始めた（聴くようになった）のがH.O.T.だったんです。

古家　へぇ！

キム　そして当時は『人気歌謡』などの歌番組を録画したビデオテープって、ありましたよね。

古家　はい、日本でも新大久保とかで手に入りました（笑）

キム　そのビデオでH.O.T.のステージをみんなで観ていましたね。それまでは、韓国で芸能人たちがしている独特なスタイリングを真似るのは、ちょっとダサいというか、子どもっぽいと思われていたんです。なぜなら、韓国で芸能人を好きになるという文化と、西洋でのそれとは完全に違いましたから。でもアメリカで在米韓国人や留学生の間でH.O.T.がしていた独特なスタイルを……。

古家　彼らのファッションやヘアスタイルですか？

キム　ええ。「Candy」の時のワイドパンツを履いたりとか……。若者たちが真似し始めたんです。

古家　音楽のスタイルも、H.O.T.がデビューする前と後で大きく変わったと思いますか？

キム　私はそう思います。私は子どものころから音楽が大好きでしたが、曲を聴くと、以前は作曲家別に分けることができたと言うか……。ある曲を聴くと「ああ、これはあの人の曲だな」とわかったわけです。ある程度「音楽の作り方」というのがあって、曲のタイプが分けられていましたから。でも、H.O.T.の頃からは、完全に違うスタイルが登場した感じがしましたね。そのスタイルは、当時SMのイ・スマン代表が、**子どもや若者たちが言いたいこと・聞きたいことを音楽で表現してほしい**と作曲家のユ・ヨンジンさんに依頼し、作らせたと言われていますが、「SMP」ってご存じですか？

キム　SM[※2]ミュージック・パフォーマンス！

古家　はい。アイドルという新しい単語を作り出すくらいの、「私たちは既存のK－POPとは完全に違う」というのが「SMP」に込められた主なメッセージだったと思います。

古家　H.O.T.の曲の中で、好きな曲はありましたか？

キム　私は主に後続曲[※3]が好きでしたね。というのも、後続曲の方が、より大衆受けするものでした。「Candy」、「ヘンボク（행복/Happiness）」、「ピッ（빛/Hope）」などがそうですが、彼らのタイトル曲は、それまでにあったヒット曲とは完全に違うタイプの曲だったので、ファン以外の一般層には響きにくい曲だったのに比べて、今挙げた後続曲はH.O.T.にさほど関心のない人たちでも、偶然耳にしたら「あ、いいな」と思うような、完全に違うカラーの曲だったと思います。**タイトル曲でコアな**

ファンを作り、後続曲では一般大衆を惹きつける。そういう戦略もH.O.T.が元祖だったんじゃないかと思います。普通なら一般大衆受けするものをタイトル曲にして、後続曲でその歌手のスタイルを打ち出していましたが、イ・スマン代表はそれを逆にしたんです。

古家　画期的でしたよね。

音楽はその時代を映し出すもの

古家　1990年代の音楽は、もちろんご自身が仕事を始める前にたくさん聴いていらしたと思いますが、リスナーの立場から見た時、韓国の大衆音楽界の90年代はどんな時代だったと思いますか？

キム　私は、**音楽というものは、その国の経済や状況とリンクしている**と思います。日本はどうかわかりませんが、世界的に見てもそういう流れは（あると思います）。世界中に「反戦と平和」のメッセージが広がっていた時は、そういう音楽……例えばジョン・レノンの「Imagine」が大ヒットしたように、韓国は1997年に起こった

ＩＭＦ危機の直前までは、バブル経済の時代で景気がよかったですし、就職率も高かった。だから歌詞も、何と言うか、とても楽しげで盛り上がった感じ（笑）。遊びの場で起こる出来事が歌詞になっていましたね。「昨日パーティーに行って、君に出会った」とか（笑）。ところが97年末のＩＭＦ危機を起点として、Ｈ．Ｏ．Ｔ．もそうでしたが、悩み始めた歌詞が多くなった気がします。そう、社会に目を向けるようになりました。そして99年くらい……いや、97年くらいからその傾向があった気がしますが、ミレニアム時代到来の直前に、あたかも２０００年になったら世の中が激変するかのようなワクワクと、その一方、何が起こるかわからない恐れが共存していましたよね？　日本はどうでしたか？　なので、**その時代だけに現れた、独特な現象があった**ような気がします。今までになかった、特異なものがたくさん出てきた感じ。歌詞やメッセージも、より広く深く、そして、多少暗くなった感じもしました。

古家　そうですか。貴重なお話ですね。

作詞家としてのストーリー

古家　キム・イナさんが作詞家としてのキャリアをスタートさせたのは、まさにそんな2000年代の初めですよね。どんなきっかけで作詞家を志すようになったのですか？

キム　私は「作詞がしたい」と思っていたわけではないんですが、**作曲家のキム・ヒョンソクさん**、ご存じですか？

古家　はい。もちろんです。お世話になりました。**元祖ヒットメイカー**ですよね？　キム・ヒョンソクさん。

キム　K－POP界における、いわば……

古家　伝説的な方！

キム　そうです。その方が、私が書いた文章を、当時、韓国で流行していた「cyworld（サイワールド）」[※4]のミニ・ホームページと言って……。

古家　懐かしい（笑）

キム　ご存じですか？

古家　よく使っていました！

キム　古家さんもご存じなんですね。それをご覧になったようで、私が書く文章を見て「あなたは歌詞を書いたら上手く書けるタイプですね」と見出してくださって「この仕事、してみる？」と勧めてくださったんです。

古家　キム・ヒョンソクさんがきっかけを作ってくださったんですね。

キム　はい。そしてデモ曲をくださって「一度（歌詞を）書いてみなさい」と。そして不思議なことに、初めて書いたその歌詞が上手く書けたんです（笑）。その曲が**ソン・シギョンさんの「10월에 눈이 내리면（10月に雪が降ったら）」**です。最近はシギョンさん、日本でも活動頑張っていますよね？

古家　はい。ネイティブ並みの日本語を使いこなして頑張っています。

キム　それが私の（作詞家）デビュー曲です。でも2曲目から上手く書けなくなりました（笑）

古家　そんな！

キム　初めて手掛けた曲は上手く書けたので（作詞家）デビューには成功しましたけ

ど……。

古家　そうだったんですね。

作詞家キム・イナのスタイルとは？

古家　その後のキャリアは輝かしいものですが、特にBrown Eyed Girlsを筆頭に、所属事務所だったNega Networkとの仕事が増えますよね？　特に作曲家のイ・ミンスさんとたくさんお仕事をご一緒されましたが、ご自身の詞のスタイルがはっきりと確立されたのは、デビュー後どのくらい時間が経ってからですか？

キム　デビューした後、最初の3年くらいは、まだかなりアマチュア感がありましたね。それから2、3年経った頃から、ようやく本格的にプロらしく書けるようになったかなぁと。もちろん20年間作詞をしてきましたから、（これまでの作品を）見てみれば、私のスタイルっていうのは確かにありますが、私が今も常に仕事に対する信念として持ち続けているのは、自分のスタイルがあることが大切なのではなく、

（自分の詞を歌う）**歌手のことをちゃんと把握**して、その歌手はどんな言葉遣いをするだろうか、どんな話をするだろうか。そして、**その時代に合った愛のストーリーなどを書くべき**だと思ってきたんです。私がデザイナーだとしたら、私のブランドがあるのではなく、一人ひとりにカスタマイズしてあげられる「テイラー（仕立て屋）」になる。なので、あえて私のスタイルを挙げるとすれば、そういうことじゃないかと思うんです。

古家　昔は歌い手のことを考えて、作詞・作曲もしていましたが、今は、作曲に関して言えば、海外の作曲家に依頼して、アーティストに合わせるのではなく、作ってもらったその曲に合うアーティストを選んで歌わせる傾向が強いのかなぁという感じがしますが、歌詞においてはどうですか？

キム　歌詞も最近は、複数人が書く傾向がありますが、私は、作詞家個人として、運よく、いわゆる「最後の黄金時代」を経験できたと思うんです。1人の作詞家、1人の作曲家が作っていたその時代を。もちろん、何人かで一緒に作ることの長所もありますが、私の場合、そういう形をとると途中で途切れるような感覚を受けることもありました。最近は曲を書く際、予めたくさんの言葉・単語を決めておいて、

素直に、時にウイットに富んだ言葉で質問に答えてくれたキム・イナさん。

それに合う、あるいは、それにストーリーを加えていく形式の作業が多くなりました。そして何より、外国で作られた曲を使う時は、作詞家の参加の割合自体が、当然低くなります。

古家　そうですよね。

キム　ええ。ですから、同じように仕事をしても著作権料は低くなる（笑）。そういう流れにはなっています。

古家　著作権料と言えば、２０１４年には作詞による著作権料収入１位になられましたよね。

キム　（日本語で）イチバン！

古家　１番。はい（笑）

キム　（笑）

古家　スター作詞家になるきっかけとなった曲を挙げていただくとすれば、どの曲になりますか？

キム　「Perhaps Love」

古家　「Perhaps Love」！　「사랑인가요」ですよね。人気を博したドラマ『宮《クン》〜Love in palace』のＯＳＴ！　歌っていたのは、Ｈｏｗｌ＆Ｊ（Ｊａｅ）！

キム　そうです。よくご存じですね。

古家　もちろんです。

キム　あの曲が、言ってみれば私に作詞家としての「看板を掲げてくれた曲」というわけです。フリーランサーですから、キム・イナという新しい作詞家がいますよと、作曲家の皆さんに知らせなければならないわけですが、ヒット曲が１曲生まれると、「お、この作詞家、初めて見る名前だな」となり、それが2曲、3曲となれば「なかなか良い作詞家のようだな」と、私を訪ねてくるクライアントが増えるわけですが「Perhaps Love」はまさに、最初にその役割を果たしてくれました。

古家　その「Perhaps Love」ですが、ドラマのＯＳＴじゃないですか。

キム　はい。

ドラマＯＳＴとの向き合い方

古家　ＯＳＴの曲を作詞する場合は、アーティストの曲を作詞する場合と何か違いはありますか？

キム　私は**シノプシスを必ず読みます**。当然のことだと思われるかもしれませんが。ドラマにはテーマソングとは別に、「愛のテーマ」というものがあるんです。例えば……『シークレット・ガーデン』っていうドラマ、ご存じですか？

古家　もちろんです。

キム　ドラマ『シークレット・ガーデン』のＯＳＴ、「나타나（現れる）」の歌詞は私が書きましたが、それが全体的なテーマソングだとすると、「그남자（その男）」、「그여자（その女）」は「愛のテーマ」になります。「愛のテーマ」の場合、１人の個人的な感情のストーリーを、通常よりも盛り込んで書かなくてはいけません。なぜなら、劇中でその人物の感情が溢れる時に主に使われるという役割がありますから。でも、

テーマソング的な曲を書く場合は、ドラマが全体的にどんなトーンなのかを内容に盛り込むことになるので、悲しいドラマでない限りは、悲しい歌詞にならないようにします。だからシノプシスをしっかり読まなくてはならないわけです。当然ドラマが出来上がる前に書き上げないといけないので、シノプシスを読み、できればその時点で出来上がっている台本を読むのが望ましいですね。言葉使いなどから、キャラクターを推し測ることができるので。

古家　だから……韓国ドラマを観る度に感じることなんですが、台詞のないシーンでＯＳＴだけが流れるシーンってありますけど、**歌の歌詞が台詞のように感じられるんですね。**

キム　ええ、そのとおりです。

忘れられないアーティストとの作業

古家　僕は個人的にキム・イナさんの作品の中で、パク・ヒョシンさんに書いた歌詞が本当に好きなんです。あの声とフィーリング、歌詞、世界観が本当に1つになっ

た「숨(息)」という歌がありますけど、素晴らしい歌だと思います。

キム　パク・ヒョシンさんは素晴らしいボーカリストですから、日本でも活動出来たら良いんですけどね。唯一無二の声の持ち主ですから。

古家　Ｂｒｏｗｎ Ｅｙｅｄ Ｇｉｒｌｓの名曲も数多く手がけていますよね。

キム　ほぼファミリーのような関係です。なので、一番思い出が多いのはＢｒｏｗｎ Ｅｙｅｄ Ｇｉｒｌｓとの仕事ですね。彼女たちとは一緒に成長させてもらいました。「Abracadabra（アブラカダブラ）」という曲が出て、それがメガヒットになり、Ｂｒｏｗｎ Ｅｙｅｄ Ｇｉｒｌｓもそれをきっかけにチャートの上位を占めるようになりました。私と全ての面において一緒に成長したグループでしたし、どんなことをするにも、楽しかったですね。ミュージックビデオの撮影現場やテレビ局でカムバックステージに立つ時も一緒にいました。

古家　へぇ～。そうだったんですか？

キム　メイキングフィルムなども私が撮っていました。

古家　へぇ～！

キム　写真って、撮っているその人のことを、どれだけ好きかによって、映りがよくなると思うんです。仲良しかどうかで。だから「レンズ」の役割もたくさんしましたよ。

古家　（笑）

キム　あの時は、私もとても幸せでしたし、彼女たちも私に気を許してくれていました。彼女たちと接する時間が長かったので、Ｂｒｏｗｎ Ｅｙｅｄ Ｇｉｒｌｓの曲って、メンバーごとにパート分けされていますが、当時私が自負していたのは、**誰が歌っても構わないようなパート分けにはなっておらず**、ナルシャのパートはナルシャが歌ってこそピッタリ合う歌詞、ガインならガインが歌うと似合う歌詞という風に、**それぞれのメンバーに合わせて作っていました**。

古家　うわぁ～すごい話。そういう点で言えば、ＩＵさんとのお仕事も多いですよね？　ＩＵさんにはどんなイメージを持っていらっしゃいますか？

キム　**彼女は偉大な人**です。何というか、こう……私がＩＵさんについて話す時、こんな風に答えています。私は普通、ある人について話す時には「この人はこういう人です」とワンセンテンスで話す方なのですが、ＩＵさんに関しては、それができません。つまり……凄く知のある、考えの大きな人なんです。

古家　すごく良くわかります。

キム　私が安易に「この人はこういう人よ」と一言で定義するには、まだ私の知らない部分があるような気がする……そんな人です。こういう言い方をすると、褒めてばかりに聞こえるかもしれませんが、目に見えるところよりも、内面はずっともっと凄いんです。考え方や価値観など全てが、芸能人というより、むしろ、普通の人のように見える時があるじゃないですか。こんなに長い間人気が続いているのは、少しずつどういう人柄なのかを、ファンの人たちも徐々に、どんどん感じることができたからだと思います。私はすごく近くで接していますから、なおさらです。スーパースターになる前からそういうところがありました。生まれつきのものも、人間的にも、とても素晴らしい人です。

古家　僕もIUさんとの思い出は多い方ですが、良い人の印象しかありませんね。歌手としても、素晴らしい表現力の持ち主ですよね？

キム　凄いですよ。あれほど歌が上手いわけですから、(俳優デビュー前に) 演技をしても、私が思う以上に上手に違いないと、私は感じていました。歌も演技も、どちらも同じように「表現」の手法であって、どちらもある意味「演技」ですから。I

Uさんは歌を歌う時、単語1つごとに違う感情を乗せて、それをとても「美味しく」、上手に表現するので、彼女と一緒にレコーディングをしてから、他の人のレコーディングに行くと、何だか「味気なく」感じてしまうほどです。

古家　へぇ！

キム　本当に「美味しく」歌うんです。あまりにも多くの能力を持ち合わせ過ぎていて、うらやましいです。日本にもファンがたくさんいると聞いていますが、その魅力が伝わって嬉しいです。

パワーの源と仕事のスタイル

古家　作詞家として作詞をされる際は、もちろん、いろんなことからインスピレーションを受けられていると思いますが、作詞する時に一番大きな力になるものは何ですか？

キム　全般的に作詞家として、どこから言葉を引き出してくるのか（インスピレーションを得て歌詞を書くのか）と聞かれれば、それは生きてきた全ての日々です。その中でも、おそらく何かを創る多くの人たちは皆同じだと思いますが、**「渇望」**じゃないでしょうか。何かを創作する者にとっては、本当に、渇くことのない水のように、**「渇望」があってこそ、何かを徹底的に掘り下げることができる**んじゃないでしょうか。

古家　作詞をする時は、集中して書くタイプですか？　或いは、突然天から歌詞のアイデアが降ってくるタイプですか？

キム　両方ですね。他の人から見れば、突然さっと書いているように見えるでしょうけど、私としてはずっと考えているんです。「この歌詞を書かないと……」と無意識の内に頭の中に入れていて、何かが目に入ると「あ、このストーリーをベースに書こうかな？」と。少しずつ、毎日考え続けている感じです。そして**ある日突然、「あ、これはいいセンスだ！」と感じる時がある**んです。それがはっきりと「何」とは言えないんですが……。「書けそうだ」という気分になると、作業部屋に入り、4～5時間経ってから「さあ、書こう！」と思って書くと、とても早く書き上げられますね。

作詞家から見た今のＫ－ＰＯＰとは？

古家　かつては韓国の大衆音楽を全般的に「韓国歌謡」と呼んでいましたが、今は「Ｋ－ＰＯＰ」という言葉がよく使われます。「歌謡」と「Ｋ－ＰＯＰ」では、歌詞の内容や雰囲気は違うと言えますか？

キム　そうですね。そう思います。「歌謡」と呼ばれていた時代は、いわば内需向け、ドメスティック（国内向け）な感じでした。特にバラード。このバラードというジャンルは日本にはありませんよね？

古家　そうですね。バラード曲はもちろんありますが、韓国のように、バラードというジャンルはありません。

キム　ないですよね。バラードって、韓国ならではの特異なジャンルだと思います。その特異性からか、ダンス曲でも韓国の曲には特異な点があります。誰もが踊れるリズムのダンス曲が多いんです。なので、韓国的な情緒を持った人たちが作ったものを、外国の人たちは独特だと感じるようです。さらに、韓国人は吸収して学ぶのが早いですし、得意です。学んで自分のものにするのが他の国の人に比べて早い気がします。だから海外で有名な、もしくは人気を得た曲の長所や、その曲からインスピレーションを得て、完全に新しい物を創り出すことも上手い気がします。以前は海外から曲を提供してもらう場合、海外の作曲家が曲を作り、エージェントに預け、デモ曲200曲くらいをCDにしたものが韓国に入ってくる。それを聴いて、良いと思う曲があったら「この曲を私たちが買います」というシステムでしたが、「この部分のメロディーはもっとこうしたらどうだろうか」などアイデアを出しながら、多くの新鮮な曲を、複数のミュージシャンが共同で作るソングキャンプができてからは、韓国側のプロデューサーやA&R[※5]に、直接作曲家やプロデュースチームが渡すことができるようになりました。曲を作る環境自体が随分変わりました。**以前はもっと個人芸術に近いものでした。今は、よりシステム化された**といえますね。

古家　K-POPアイドルのいわゆる第2、第3世代の頃は、フック・ソングの時代もありましたよね。

キム　そうですね。ありましたね。

古家　今はフック・ソングの時代も終わり、英語詞をたくさん使う時代になりました。作詞家として考えた時、今の傾向をどう思われますか？

キム　多くの方が私のことを「英語を多用しない作詞家だ。だからいい」と思ってくださるのならありがたいことですが、私も曲によって英語を多用すべき曲なら、たくさん使いますし、この曲に英語を使ったら、ちぐはぐな感じがすると思えば、英語は使わないようにします。なぜなら、**ハングルの発音はとても有利**です。英語のようにも使えるし。日本語は……。

古家　日本語は英語や韓国語のように、短い言葉にたくさんの情報量は盛り込めません。

キム　そうですよね。**ハングルは、丸みを帯びているものも、尖ったものもある**ので、いろいろ表現できるんです。以前はある種の「スタイル」として、「この辺で英語が入ると似合うかなぁ」という感じで英語が使われていたとすると、今は「ターゲット」として使われていると思います。なぜなら海外のリスナーの方が多いというK－POPグループや歌手たちもいますからね。でも、今やそれを越えて、**歌詞が全て韓国語で書かれていても、海外のK-POPファンは気にならない**……そんな段階にまで来ていると思います。つまり、何語で書いても良いわけです。

古家　歌詞の中に、英語をはじめとする外国語が使われる意味合い、役割が変わったんですね。

グローバル化が進むK-POP

古家　そういえば作詞を手掛けたIVEの「I AM」が大ヒットしましたね。日本でもすごく人気です。

キム　あ、そうですか！

古家　IVEはすごい人気です。彼女たちのようなグローバルな活躍が見込まれるアーティストが増えているわけですが、歌詞を書く際に、そういう点も念頭に置いていますか？

キム　私は日本の曲もよく聴き、歌詞も見ていますが、見れば見るほど、グローバルなストーリーなんてないなぁと思います。それはアメリカのポップスであっても、インディーズの曲であっても、同じだと思うんです。だからグローバルだからと意識して書こうと思ったら、ストーリーが思い浮かばないですし、ぎこちないストーリーになってしまいそうなので、私はただ興味深いストーリーや、人々が共感するようなものを書いています。どの国の人が聴いても、**完全に違う感じ方ってないと思う**んです。

古家　それならJ－POPの曲の歌詞を書く可能性もあるのでは？

キム　私がですか？　どうやって書くんですか？　日本語が上手くできれば……。でも、とてもやってみたいですね。実は想像してみたことはあるんです。日本語がとても上手になって……。日本語の歌詞のスタイルって、最近もそうなのかはわかりませんが、韓国よりも更に隠喩《いんゆ》的で内包的表現がとても多いと思うんですが、私が好きなスタイルでもあるんです。

古家　はい。だからこそ、より可能性があるんじゃないかと思います。

キム　紹介してください。関係者を（笑）

古家　わかりました（笑）

キム　じゃあ、今日からまた平仮名の勉強を始めます。見ていてください。

古家　僕も全力でサポートします。

今後のK‐POPはどうなるのか？

古家　K‐POPは今も成長し続けていますが、すでに大きなマーケットを作り上げました。作詞家の目から見て、**今後のK‐POPはどのような進化が期待できるでしょうか？**

キム　一度ある程度のサイズ以上になると、そこからは、育てた者の手を離れ、自然と大きくなっていくものですよね。今のK‐POPもそうなんじゃないかなぁと思っています。正直言って、PSYさんの「江南スタイル」など、何曲かあったグローバルヒットは、1つの現象だと思っていました。私自身、韓国人ではありますが「K‐POPがグローバルなものになるなんて？　ならないでしょう」と思っていましたから。でも、そういうことが何回か繰り返され「不思議だな」と思い、BTSへと続く様子を見ていて、「ああ、これは単なる現象ではないな。いつからか、**外国の人々の韓国文化に対する見方自体が変わったんだな**」と。それをいつ感じたかというと、言語、つまり**海外の人が韓国語を学ぶようになった**様子を見てからです。母国語ではない、ある国の言語を学びたいと思わせるには、その国が持つ文化のパワー、その力の大きさが必要だと私は思っています。１９８０年頃から、私も多くの日本の文化に接するようになりました。私自身も音楽でいえば、安全地帯とか光ＧＥＮＪＩとか聴きましたし、アニメーションにもハマりましたし。だから私と同じ世代の人たちは、日本語をすごく学びたがった時代がありました。そして西欧圏ではフランス語を学びたがる人が多いですよね。フランスの文化は豊かですから。でも最近は韓国語を学びたがる人が非常に増えました。単に興味を持っているだけでなく、かつて私たちが日本を見つめ、フランスを見つめていたように、文化的に韓国に対する好感度が高まったんだなと感じました。今の時代、ある特定のスタイルのものではなく、さまざまなものが今後も愛されると思いますし、それが韓国の曲かどうかも知らずに好きになる……そうなれば完全に定着したと言えるようになるんだろうと思います。

古家　真のグローバル化ですね。

キム　はい。その通りです。

※1　ＩＭＦ危機……１９９７年12月に韓国が通貨危機に陥り、国際通貨基金（ＩＭＦ）からの資金支援の覚書を締結。半ば国家が破綻した状況になったと言われた。
※2　ＳＭミュージック・パフォーマンス……ＳＭが生み出した、独自の音楽スタイル。
※3　後続曲……タイトル曲に次いでプロモーションを行う曲。
※4　ｃｙｗｏｒｌｄ……韓国のエアが運営するソーシャル・ネットワーキング・サービス（ＳＮＳ）。
※5　Ａ＆Ｒ……音楽アーティストの発掘や育成、ブランディングなどをする職種。

M11

IU
좋은 날
(Good Day)

IU(아이유)／
3rd Mini Album [Real]

レーベル
EDAM Entertainment
リリース
2010年12月09日

Composition
이민수
Lyrics
김이나

2022年6月26日、彼女の姿は日本・東京にありました。是枝裕和監督の映画『ベイビー・ブローカー』の舞台挨拶のため来日を果たしたんです。僕がMCを務めた2016年1月23日、ディファ有明で行われたファンミーティング以来、実に6年ぶりの来日。その間、コロナ禍もありましたが、彼女の活躍は目を見張るものがありました。女優としてはドラマ『麗《レイ》～花萌ゆる8人の皇子たち～』が来日後の2016年の秋に放送され、日本でも大きな話題となり、名作誉れ高いドラマ『マイ・ディア・ミスター～私のおじさん～』の放送は2018年。アーティストとしても2017年にリリースされた4枚目のフルアルバム『Palette』で、自らプロデュースも担い、シンガーソングライターとして高い評価を得て、アイドルグループでにぎわう韓国のヒットチャートにおいて、ソロアーティストとしては異例ともいえるロングセラーとなり、その後も立て続けにヒット作を放ってきました。

さらに2020年にはBTSのSUGAとコラボしたシングル「Eight（에잇）(Prod.& Feat. SUGA of BTS)」がグローバルヒットとなり、もはや「IU」という名は世界に轟《とどろ》いているといってもいいでしょう。

実は僕、その『ベイビー・ブローカー』の舞台挨拶に招待されていたんです。これまで何度かお仕事をさせていただいた、同じく出演のカン・ドンウォンさんに挨拶に伺うことになっていたんですね。IUさんも来日するという話は、その後、知ったんです。なので、日本での活動の際、ずっとお仕事をさせていただいていたとはいえ、その後の彼女の活躍と、6年ぶりに会うということもあり、もはや自分のことを覚えていないのではないか……と、あえて会場で会っても自分からの声掛けは失礼にあたると思い、遠くから見守るつもりだったんです。すると、カン・ドンウォンさんに挨拶しようとした瞬間、ちょうど少し離れた位置にいた彼女と目が合ったんです。その直後「ふるやさん！」と会場の誰もが聞こえるくらい大きな声で僕を呼んでくれたんですね。その瞬間、会場内にいたVIPたちの間で「誰？あのおじさん？」的な空気が広がる中、笑顔で再会を喜んでくれて、6年間の時間を埋め合わせるように、数分でしたが、いろんなお話をさせていただきました。その時改めて、歌や演技が巧《うま》いというだけでなく、彼女が多くの人から愛される理由が分かった気がします。とにかく人間力がすごいんです。

　今回、ゲストで登場するキム・ドフンさん（P36）、そしてキム・イナさん（P142）も彼女のことを絶賛していましたが、そういう意味においても、彼女の楽曲は、是が非でも紹介しなければならないと思ったわけです。

　とはいっても、IUさんの楽曲には名曲が多く、特に近年は自ら作詞・作曲・プロデュースまで務めることも多いため、そんな彼女のアーティストとしての評価のためにも、セルフプロデュース楽曲を選ぼうかと思ったんですが、やはりここは「좋은 날（Good Day）」をあえて紹介させていただこうと思います。なぜなら、この曲が決定打となり、彼女は韓国で「国民の妹」と呼ばれるようになり、歌手としての地位を確固たるものにしたからです。そして、多くの人がこの曲を「IUのシグネチャーソング」と認めています。

　遡ること2012年。彼女はこの曲の日本語ヴァージョン「Good Day (Japanese Version)」で日本デビューを果たしました。韓国での発表から1年以上経ってからのリリースで、すでに韓国では2nd

フルアルバム『Last Fantasy』を発表し、タイトル曲の「(너랑 나) You & I」をヒットさせ、シングル「하루 끝 (Every End of The Day)」のリリースを控える忙しい中での来日プロモーション。当時日本は、2010年以降に始まったK-POP人気を受けて、いわゆる第2世代と言われるアイドルグループの日本進出が続き、「K-POP=アイドル」の印象が強く、すでに当時、国民的スターであったIUさんであっても、若手のソロの韓国人アーティストが日本でヒットする可能性は、未知数と言われていました。その頃から、僕もあらゆるメディアでのインタビューやイベントに同行し、プロモーションのお手伝いをさせていただきましたが、残念ながら大きな支持を得ることができなかったんです。ただ、業界内での評価は非常に高く「いつか、そのすごさが日本でも浸透するだろう」と信じて、応援していた関係者が圧倒的に多かったんです。それは彼女の才能はもちろん、その人柄に皆、惚れていたからなんですね。

韓国で2010年12月にリリースされた3枚目のミニアルバム『Real』に収録されたタイトル曲のこのナンバーは、IUさんを国民的なスターにした代表曲。この曲の特徴は、何といってもミュージカルを連想させるようなスケールの大きな曲であること。一度聴いただけで耳に残るわかりやすいメロディーを、ストリングスを交えたブラスリズムに乗せて、高揚感を演出。しかも「憧れのお兄さん(オッパ)のことが好きになってしまった……どうすればいいんだろう」という、少女の甘い初恋と告白したい想いを、独特のかわいらしい言葉で綴ったキム・イナさんの手掛けた詞が多くのオッパたちの心を揺さぶり、パフォーマンスと、耳に残るフレーズ重視だったフックソング中心の当時の韓国音楽界に強いインパクトを与えた曲だったんですね。サビ終わりの「어떡해 (どうしよう)」の使い方が絶妙で、この曲のヒット以降、かなりのパロディーがバラエティ番組で取り上げられていたことは言うまでもありません。

曲のクライマックスにあたる「I'm in my dream」からの3段階に昇っていく歌のパートは、IU

さんの歌唱力を象徴する「三段ブースター」と呼ばれ、日本でも注目されましたが、喉への影響を考え（それだけ大変なんですよね）、最近は特別な時を除いて、歌うことを避けるようにしていますが、生で聴いたことがある人なら、そのすごさがわかるはず。２０２４年にはワールドツアーで８年ぶりに東京と大阪で日本でのアリーナ公演が決まり、期待が高まっていますが、この間の彼女の躍進ぶりを考えると、アーティストとしてどんな成熟したステージを見せてくれるのか、楽しみで仕方ありません。

M12

2NE1
너 아님 안돼
(GOTTA BE YOU)

2NE1／
2nd Album [CRUSH]

レーベル
YG ENTERTAINMENT
リリース
2014年02月27日

Composition
TEDDY, PK
Lyrics
TEDDY, MASTA WU
Instrumental and Programming
PK

僕がこれまで仕事をしてきたアーティストの中で、かなり印象に残っているアーティストといえば、やっぱりYG所属のアーティストたち。中でもBIGBANGとの仕事は数多く、いろんな意味でK-POP界に与えた影響は大きかったと思います。そんな「女性版BIGBANG」という触れ込みで2009年にデビューしたのが女性4人組の2NE1でした。そして、BLACKPINKの世界的な成功は、やはり2NE1の存在と、「アメリカ制覇」という目標が、達成目前で実現できなかったことが、所属事務所YGの大きな原動力になったのは言うまでもありません。それだけ彼女たちには可能性があったと、僕は思っています。

2NE1とは2013年10月、東京と大阪で行われた「2NE1 1st FANCLUB EVENT 2013 ~ DO YOU LOVE ME ~」で初めてお仕事をご一緒させてもらいました。というかこのイベント、かなり伝説的なイベントだったと思います。BIGBANGの個々のバラエティさとその能力の凄さとは違い、2NE1自体、アーティスト色が強く、あまりバラエティ番組に出ているイメージがないというか、イメージとしてはK-POPアイドルというよりも、BLACKPINKにも共通するポップスター的でセレブリティなイメージが強かったですから、日本活動においてもコンサート中心で、ファンミーティングをするイメージがありませんでした。僕も初めこのお仕事の話が来た時「2NE1のファンミ?」と正直、ステージがイメージできないというか、どんなステージになるのか想像できなかったんです。でも、いざメンバーと会って話してみると、その外見から伝わるガール・クラッシュ的な強さだけではなく、その年齢相応の可愛らしさを持っていて、YGがこの先、彼女たちをどのようにして売っていくんだろうと、気になって仕方なかったんです。

結果的にその手法はBLACKPINKにも受け継がれていますが、国内活動以上に海外活動に重きを移し、メディアへの露出よりも公演を優先する手法をとったわけです。2010年の段階ではThe Black Eyed Peasのwill.i.amと一緒にレコーディングし、アメリカデビューに向けて動き出していたほど。そして2012年には7ヶ国11都市を回るワールドツアーを開催し、マイケル・ジャクソンの「THIS IS IT」のコンサートで振付を担当したトラヴィス・ペインが演出家として参加するなど、そのスケールは韓国に留まらないグローバルなもので、BIGBANGのワールドツアーで得た経験値を活かした活動は、日本を中心としたBIGBANGとは対照的に、より欧米志向になっていったわけです。

そして、2014年2月にアルバム『Crush』がリリースされると、アメリカで発売初週にBillboard 200アルバムチャートで61位に

ランクイン。この数字は当時、K-POPのアルバムとしては過去最高の記録となり、大きなニュースになったわけです。さらに、約4年をかけて仕掛けてきた欧米進出が実を結び、彼女たちの代表曲である「내가 제일 잘 나가 (I AM THE BEST)」がマイクロソフトのPC「Surface Pro 3」のCMでBGMに使われることになったんですね。このCMは日本でも放送され、K-POPファン以外でも、そのインパクトのあるサウンドは話題になり、当時、僕の番組にも、普段K-POPを聴かないリスナーから数多くのリクエストが寄せられたほどでした。リリースから3年たって、世界的な逆走行ヒットを記録したわけです。

ところがその後、メンバーのCLさんのソロデビューと単独でのアメリカ進出や、パク・ボムさんのアンフェタミン使用疑惑などが重なり、グループ活動が停滞してしまうと、2016年、メンバーがYGと契約更新をせず、結局、7年の活動に幕を下ろすことになったわけです。

とても惜しかったのが、マイクロソフトのCMで「내가 제일 잘 나가 (I AM THE BEST)」が起用されたことを、本格的な欧米進出の糧にできなかったことで、もしそれが上手くいっていたら、2NE1の名声は、さらに世界中に轟いたと、きっと誰もが思っているでしょうし、メンバーも、そしてYGも、それを感じていたに違いありません。だからこそ2022年4月に、アメリカ最大級の音楽フェスティバルとして知られる「コーチェラ・フェスティバル」に6年ぶりに4人揃って出演し「내가 제일 잘 나가 (I AM THE BEST)」をパフォーマンスした際の感動が際立ったわけです。

前置きが長くなりましたが……ここで紹介するのは「내가 제일 잘 나가 (I AM THE BEST)」ではなく、2014年2月に発売された2ndアルバム『CRUSH』のダブルタイトル曲に選ばれていた「너 아님 안돼 (GOTTA BE YOU)」です。

当時の公式資料では、ヒップホップとEDMの要素を備えたシンセダンスポップとされていますが、前半はリズミカルなラップを中心に構成され、後半、リズミカルなビートに、オールドスクール……というか韓国歌謡的な要素も加わったメロディを組み合わせた、クロスオーバーな1曲と言った方がわかりやすいかもしれません。

現在はYG傘下のBLACK LABELを取り仕切るYGサウンドの核を作ってきたプロデューサーのTEDDYさんと、同じくYGを支えてきたMasta Wuさん、そしてP.Kさんが共同プロデュースとして名を連ねています。

何よりもMINZYさんとBOMさんの担当するサビ、そしてCLさんのラップは、当時韓国最高の女性ラッパーと言われ、現在はドラマ『愛の不時着』のOSTにも参加するなど、ヴォーカリストとして「OSTクイーン」になりつつあるユン・ミレさんに負けず劣らずのクオリティの高さを誇っています。別れた恋人を忘れられない女性が主人公で「自分の愛はあなたで始まり、あなたで終わるの……」という、ガール・クラッシュ的なイメージの強い2NE1の歌の中でも、切ない恋心を歌った歌でもあります。4年という準備期間を経て制作されたアルバムでしたが、この先、これを超える作品に出合うことができなかったのは残念でなりません。

M13

SHINee
1 of 1

SHINee (샤이니) ／
5th Album [1 of 1]

レーベル
SM ENTERTAINMENT
リリース
2016年10月05日

Composition
Mike Daley, Mitchell Owens,
Michael Jiminez, Tay Jasper, MZMC
Lyrics
제이큐(JQ), 조미양, 배성현, 이스란, 김인형, 박성희
Instrumental and Programming
Mike Daley, Mitchell Owens

ＳＨＩＮｅｅと言えば、ＳＭを代表するアーティストであり、実際、デビュー当初から、音楽、ファッション、ダンスなどあらゆる分野において、トレンドセッターになることを目標とする、新進気鋭のComtemporary Boy Bandとして、Ｋ－ＰＯＰシーンにさまざまな新しい価値を提供してきました。

デビュー当初は、ＳＭＰ（SM MUSIC PERFORMANCE、Ｐ１７３参照）をベースにしたユ・ヨンジンさんをはじめとするＳＭ専属の作家陣が書き上げたＲ＆Ｂをベースとした楽曲を中心に活躍していましたが、２０１５年にリリースした、メンバーのジョンヒョンさんが作詞を担当したタイトル曲「View」を含む４thアルバム『Odd』で、音楽的な実験を試みたと思うんですね。「View」で挑戦した、いわゆる陶酔感のあるジャンル「Deep House」は８０年代から９０年代に流行したジャンルで、彼らがこれまで届けてきたＲ＆Ｂとは一味違った雰囲気になっていたわけです。そこには当然イメージが変わることへのリスクがあったわけですが、それを彼らは自らの革新に変えることができたんですね。

そんな名曲を含む４枚目のフルアルバムに次ぐ作品であるこの『1 of 1』には、当然『Odd』の成功以上のものが必然的に求められたわけですが、タイトル曲に持ってきたのが意外にも「New jack swing」

（以下NJS）でした。

その伏線として、少女時代が2011年に発表した「The Boys」のプロデューサーとしてテディ・ライリーを起用したことがあります。

テディ・ライリーと言えば、まさに「NJS」の生みの親であり、80年代後半から90年代前半、アメリカのR&Bシーンは彼が生み出した、その独特な切れ味の良いビートに魅了されたわけです。一時はビルボードのヒットチャートを彼のビートが席巻したこともありましたが、流行というのは儚いもので、90年代中盤までに「NJS」は自然と消滅していきました。ところがその使い古されたと思われたビートは再利用され、さらに洗練されていくことになります。なぜなら、現代のミュージシャンたちが、さまざまな音楽の起源に注目し始め、それを新しさとして昇華し始めたからで、その世界的な潮流をいち早く察知したSMは、「NJS」の生みの親であるテディ・ライリーを起用。自分たちの音楽世界にその潮流を本流から取り入れようとしたんです。彼を起用したことは、当時、日本の音楽業界の中でもかなり大きなニュースになりました。というのも、その勢いはミリオンセラーを連発していた2000年代初頭にJ-POP界でも見られた、海外の大物プロデューサーに曲を書いてもらうという、いわば『〝マネー〟を活かした箔付け』が、韓国でも始まったのではという見方が強かったからなんです。ただ、僕は当時、韓国の音楽業界の人たちと話したときは、そうではなく、本気の欧米戦略と良い楽曲は海外のものも取り入れていくという考えに基づいた、その先の欧米戦略のための礎づくりだったようです。

話は逸れてしまいましたが、僕が言いたかったのは、SMが単純に「NJS」をSHINeeの楽曲に取り入れたわけではなく、そういった歴史も少なからずあって、今の流れが生まれたこともおさえておいて欲しかったわけです。その後も、「NJS」はあらゆる場所で息を吹き返し、世界的ポップスターのブルーノ・マーズもアルバム『24K Magic』を介して、その魅力を新しい世代に伝えてくれています。

さて、そんな「NJS」をモチーフにした同名タイトル曲の「1 of 1」ですが、歌詞自体は、好きな女の子に告白し、その彼女が、自分の人生において、唯一の恋人であることを告白するようなストーリーになっていて、「NJS」的な曲なんだけれども、古さを感じさせないトラックに仕上がっています。これについて共同作曲者のMike Daleyは当時、「この新曲が、古いフェイクソングの枠に捉えられたくなかったので、トラックをリードする強力なドラムビートを与えることで、レトロなスタイルとモダンなサウンドのバランスを保とうとした」とメディアに語っていたんですね。もちろん、古さを感じさせない理由は、いつも輝くSHINeeの曲だからこそ、というのもあると思いますが、このアルバムのセールス的な成功があって、これを機に、K-POP界では「NJS」があちらこちらで聴かれるようになっていくわけです。

M14

IVE
Cherish

IVE (아이브) ／
1st Album [I've IVE]

レーベル
STARSHIP ENTERTAINMENT
リリース
2023年04月10日

Composition
라이언 전, Sofia Quinn, Dewain Whitmore, Louis Schoorl
Lyrics
이스란
Instrumental and Programming
라이언 전, Louis Schoorl

IVEの曲にも本当にたくさんのリクエストが来ていたんですよね。K-POP第4世代を牽引するガールズグループである彼女たちですが、僕はメンバーのユジンさんとウォニョンさんとは、IZ*ONE時代からずっとご一緒させてもらって、IVEとして活動をはじめてからもイベントなどでお仕事させてもらっています。そんな2人は、きれいとか可愛いという言葉だけで表現できない魅力の持ち主で、僕から見た2人は、とにかく「しっかり者」なんです。アイドルを評価する基準って人それぞれだと思いますが、現場でお仕事をする立場からすると、外見やパフォーマンスの魅力よりも、どうしても人柄を優先して見てしまいます。その点でいうと、2人は、本当にすごいんですよね。細かい事はあまり言えませんが、礼儀正しさ、リーダーシップ、配慮……一体、どういう教育を受けてきたのか、親として知りたいですし、ある意味、とてもプロフェッショナルだと思うんです。しかも、あの若さで。

　あと、IVEの凄さは「完成型アイドル」と言われるだけあって、ウォニョンさん、ユジンさんだけでなく、ガウルさん、レイさん、リズさん、イソさんという6人のメンバー個々が最強のビジュアルと実力を兼ね備えていることはもちろん、所属事務所のSTARSHIPのプロデュース力にあると思うんですよね。特に、IVEに関しては曲選びが絶妙で、MONSTA Xといった人気者を育ててきたプロデューサーのソ・ヒョンジュさんの力が大きかったと思います。「自分らしさ」を大切にする、いわゆる「ナルシシズム（自己愛）」というIVEのコンセプトに基づいた楽曲の歌詞は、SNS世代に刺さる単語や言葉で紡がれていて、MZ世代たちの等身大の悩みに、答えるというよりは、共感する内容になっているところも、巧みだと思うんです。韓国では「ミュージシャンが憧れるシンガーソングライター」として知られるソヌ・ジョンアさんが作詞を務めた「Either way」なんて、驚くほど哲学的な深い詞で、それをIVEのメンバーが感性的なヴォーカルで表現していて、この1曲だけで、IVEの凄さがわかってしまうほどの名曲だと思います。「After Like」もグロリア・ゲイナーの「I Will Survive」をサンプリングしたことで、MZ世代の楽曲から全世代に刺さる楽曲に昇華させていて、そのセンスに唸らされます。しかも、本国韓国では、幼稚園生や小学生からの人気も高く、彼女たちが発信するメッセージが子どもたちにも届いているというのが、IVEの高い人気の原動力になっているのは言うまでもありません。

　そんな魅力ある曲が多いIVEの曲の中から、僕があえて選んだのが……「Cherish」です。IVEの1stアルバム『I've IVE』の10曲目に収録された1曲で、韓国的に言えば、「中毒性のあるイントロ、シンプルなメロディとミニマルな構成、心地よいコーラスラインに、恋に対して積極的でありながらストレートな表現をIVEらしい言語で構成した1曲」で、この曲は、アルバムを通して聴く中で、10曲目に存在していることで、よりその意味を持つ曲だと思うんですよね。このアルバムの前半は、自己愛的な要素の曲で構成されていて、中盤「Heroine」あたりから、愛に対する考え方が、決して自分が

絶対的優位ではないということに気づきながら、その後しばらく、さまざまな愛の育み方に目覚めていきます。ですが、再びこの「Cherish」で自己愛に目覚めていくんです。「ケミ（ケミストリー）」や「セルフィ」といった単語を使い、恋に落ちる過程で自己保身に走るその歌詞は、確かにMZ世代が共感するだろうなぁという心の動きを。そして、不安定な感情の動きをシンセサウンドベースの楽曲が巧みに表現しているんです。

2023年のワールドツアーの日本公演で、生でこの曲のステージを観ましたが、曲の世界観を活かしたステージワークで、ますますこの曲が好きになりましたね。新曲を出すごとに新しい可能性と、そして魅力を届けてくれるIVE。日本人メンバーのレイさんが「ギャルピース」やフチなしメガネを流行させるなど、トレンドをリードする存在として活躍してくれているのも嬉しい限りです。

M15

fromis_9
DM

fromis_9 (프로미스나인) ／
4th mini Album [Midnight Guest]

レーベル
Pledis Entertainment
リリース
2022年01月17日

Composition
이우민 'collapsedone', Justin Reinstein,
Louise Frick Sveen, Caroline Gustavsson
Lyrics
조수진, 구태우
Instrumental and Programming
이우민 'collapsedone', Justin Reinstein

イ・ウミンさんの書く曲が個人的に好きなんですよね。「ｃｏｌｌａｐｓｅｄｏｎｅ」というライターネームを持つイ・ウミンさんですが、１９８５年生まれで、２０１０年からＪＹＰ傘下の音楽出版社であるＪＹＰパブリッシングに所属している、ＪＹＰが誇る作曲家・アレンジャーです。特に、２ＰＭやＴＷＩＣＥ、ＮｉｚｉＵといったＪＹＰ所属アーティストへの楽曲も多いのですが、ＴＷＩＣＥの「What is Love?」「Feel Special」、ＮｉｚｉＵ「Poppin' Shakin'」なんかもそうですが、その楽曲のクオリティの高さから、韓国では、アイドルファンだけでなく音楽ファンからも厚い信頼が寄せられている作家さんです。個人的に「イ・ウミン凄い！」と思ったのが、ＷｏｎｄｅｒＧｉｒｌｓのメンバーとしてデビューし、後にＨＡ：ＴＦＥＬＴとして、シンガーソングライターとしてソロデビューしたパク・イェウンさんとのコラボで生まれた名曲の数々。２０１４年にリリースされた１stミニアルバム『Me?』の収録曲は全曲２人による作業によって完成されたもので、タイトル曲の「Ain't Nobody」をはじめ、１つのジャンルにこだわらない名曲揃いとなっていました。他にどんな曲を手掛けているのか、ＪＹＰパブリッシングのＨＰを覗いてみると、２ＰＭの日本オリジナルアルバムやソロ活動の楽曲に深く携わっているようで、古くはmiss A、最近ではDAY6やITZYをはじめとするJYPのアーティストはもちろん、woo!ah!やOH MY GIRL、Billlie、キム・セジョンさんといったJYP以外のアーティストにも数多くの楽曲を提供しています。そんな中で大きな成功を収めてきたのが、fromis_9への提供曲です。

特に2020年の3rdミニアルバム『My Little Society』に収録されていたタイトル曲「Feel Good (SECRET CODE)」は彼女たちにとって飛躍の曲になりましたし、翌21年リリースの『9 WAY TICKET』のタイトル曲「WE GO」も、22年リリースの『from our Mement Box』のタイトル曲「Stay This Way」もイ・ウミン（共作）さんによるものです。そのfromis_9×イ・ウミンのコンビで生み出された楽曲の中で個人的に一番好きな1曲を今日は紹介したいと思います。それが4thミニアルバム『Midnight Guest』のタイトル曲「DM」です。

そうそう、イ・ウミンさんの話ばかりしてしまいましたが、fromis_9のことも紹介しないといけませんよね。2017年に放送されたMnetのオーディション番組『アイドル学校』で選抜された9人で結成されたガールズグループで、僕は番組が放送されていた時から、ずっと追いかけているかなり濃いファンでもあります。というのも、音楽面のサポーターとして、ヒットメイカーのBlack Eyed Pilseungが関わっていたこともあり、TWICEのヒット曲を手掛けて絶好調だった彼らが番組内の曲を手掛けるのだから……と大きな期待があったわけです。そして、最終メンバー9人が選ばれ、プレデビューシングル「ガラスの靴」をもって2017年にデビュー。その年、11月に横浜アリーナで行われた『2017 MAMA in Japan』のステージで初ステージを披露。まるで親のような気持ちでその様子を見ていたことを今でも覚えています。

ところが、その後、曲は良かったのに、彼女たちは爆発的な人気を得るまでには至りませんでした。2018年に「LOVE BOMB」をスマッシュヒットさせるものの、事務所の再編（最終的にHYBE傘下に）や『PRODUCE 101』の投票操作問題に端を発した、『アイドル学校』での番組プロデューサーによる順位操作問題が明らかになり、彼女たちも当事者とされ、イメージダウンを余儀なくされたわけです。ですが、時期を同じくしてイ・ウミンさんが関わった曲が、彼女たちに爽やかなイメージと追い風をもたらし、いずれもヒットを記録。超ヒットまでには至りませんでしたが、少しずつ、でも着実に彼女たちの楽曲に対する評価が高まっていきます。そして、2021年8月、所属事務所のOFF THE RECORD Entertainmentの廃業に伴い、もともとプロデュースを担当していたHYBE傘下となったPledis Entertainmentに移籍することになったわけです。その後の彼女たちの勢いはご存じの通りで、アルバムをリリースする度に、CD販売数の自己記録を更新し続けることになるわけです。

彼女たちが勢いになかなか乗れなかった理由もあります。日本活動がまともにできなかったことが大きかったのです。続々と来日し、日本でイベントやコンサートを開くK-POP第3世代のアイドル達でしたが、2018年4月に幕張メッセで開かれた「KCON 2018 JAPAN」、そして1stシングル『Fun Factory』のプロモーションのために来日したぐらいで、彼女たちの場合、日本での単独イベントやコンサートが実現されない状況が続きました。個人的にはプロモーションの際に、自分の番組に出演いただいたので、メンバー達に会ってはいたんですが、公演だけは実現できていなかったんです。

そして、ついに2020年3月、ファン待望の日本ファンミーティングの開催が東京と大阪で決まり、僕もMCとしてお仕事をいただいたんですが、結局、新型コロナウイルスの影響で中止となってしまいました。

ですが、HYBEのサポートもあり、彼女たちはコロナ禍でありながら、大きな成績を上げていきます。「DM」が収録されたアルバム『Midnight Guest』は、初動販売枚数10万枚以上を記録して、fromis_9の自己最高販売記録を更新。さらに、アメリカの音源プラットフォームTIDALが選定した「2022年に注目しなければならないK-POPアーティスト」のラインナップにもfromis_9の名前が挙がり、その間、メンバーのギュリさんの脱退もありましたが、グローバルな人気を獲得していくことになったわけです。

　ようやく「DM」の話ですが、イ・ウミンさんらしい、16ビートが心地よい清涼感のある1曲であると同時に、メンバーにとにかくハイトーンヴォイスで歌わせます。歌うのは当然大変だと思いますが、夜明けからの脱出に成功したfromis_9が、大好きな人のもとを訪ねて愛を告白した瞬間のときめきを歌詞で表現した曲だそうで、浮遊感のあるコード進行と、イ・ウミンさんらしいファンキーなベースラインが心地よいテンポ感を与えてくれるポップナンバーです。

　そもそもこのグループにはハヨンさんという強力なヴォーカリストがいますが、彼女の持ち味とテクニックが活かされた曲になっていて、サビ頭の爆発的な抜けるような高音は、とにかく気持ちいいんです。最後のサビで聴かせてくれる、通称「ホイッスルボイス」もしっかりライブで聴かせてくれるんですから、素晴らしいですよ、彼女のヴォーカルスキルは。

　そして2022年10月、まだコロナ禍の影響で歓声の出せない状況ではありましたが、ファンとの約束を守り、東京で『2022 fromis_9 concert <LOVE FROM:> IN JAPAN』を開催。頭から3曲目でこの曲を披露してくれましたが、生でこの曲を観ることができて、本当にうれしかったですし、やっぱり「DM」は名曲だなぁと。この先も、どこかでイ・ウミンさんとfromis_9のコラボを期待してしまいます。

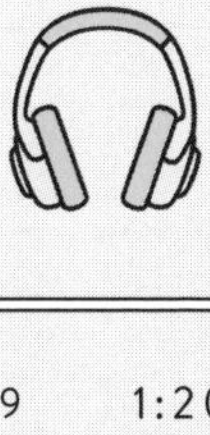

0 : 30

Q & A

Q & A

あなたからの質問に答えます!

ラジオと言えばリスナーとのコミュニケーションですよね。そこでここからは事前にX(旧Twitter)に寄せられた皆さんからの韓流、K-POPに関する疑問や質問に、時間の許す限り、答えていきたいと思います。短い期間にたくさんの質問をいただきましたが、その数は数千にもなりましたので、ここでは特に多く寄せられた質問を中心に回答させていただきますのでご了承ください。ご協力いただきありがとうございました。

では、さっそくご紹介していきましょう。

Q 古家さんは、韓国の最新の音楽をどうやって知りますか？ Spotify？ Amazon music？ 韓国のチャート？

昔（2000年代前半）は、日本のCDショップでK－POP関連の扱いはほとんどなく、当然配信サービスもない時代でしたから、僕は毎月ソウルのCDショップに、その月にリリースされるほぼすべてのCDを買いに通っていました。つまり自分の足を使って、流行りの音を確認していたわけです。時間もお金もかかりましたが、その分、知識量は豊富になり、楽曲もタイトル曲のみならず、アルバム収録曲にまで耳を傾ける時間があったので、隠れた名曲との出合いもたくさんありました。

あれから約20年。**僕もすっかりCDを買わなくなってしまいました。**なぜなら、配信の方がより早く、より簡単に多くの楽曲を確認できるからです。なにより韓国にまで行く必要がなくなったことが、金銭面でいえば本当にありがたい時代になったなぁと。ただその分、耳に引っかかる曲との出合いは、タイトル曲以外でいうと、難しくなりましたね。もちろん、いろんな曲を聴いてはいますが、昔と違って、タイトル曲以外の曲に対する力のかけようが、変わってきたように感じるのです。世代的にいうと、第3世代と言われるK－POPアイドルの全盛時代から、より強く、その変化を感じるようになりました。YouTube時代の到来と、ほぼ同じ時期だったように感じます。つまり、音楽を聴くだけの時代から、観ても楽しむ時代になったことが、その背景にあるように感じます。

さらに言えば、「ジャケ買い」することも減りましたし、今は（特に配信サービスを利用している方は）、AIが推薦してくれる楽曲が、新しい曲との出合いの場になっているのかも知れませんね。そうなると、自分好みの系列の曲との出合いが必然的に増えてしまいます。

なので僕も、基本的には韓国の大手配信プラットフォームであるMelonのチャートで、韓国の最新音楽動向をタイトル曲を通して探っていますが、それだけでなく、とりあえず、その日に配信される楽曲は、なんとなく通しで、日に2時間近くは、ずっと聴くようにしています。その際、ミュージックビデオを観ることはほとんどありません。ラジオDJを生業としているからこそ、しっかり耳に残る曲を探し求めているのです。

しかし、残念ながらこの世に**「正しい」音楽チャートは、もう存在しない**と思います。何をもって正しいかは、人それぞれの価値観によって違いますが、音楽の聴き方の多様化によって、かつてのように、レコードやCDが売れているから「人気がある」という尺度は、もはや意味をなしていないのではないでしょうか。なぜなら、CDはグッズ化しているため、純粋に音楽を聴く手段ではなくなってしまっていますし、配信サービスも、自ら進んで楽曲を聴いている人と推薦されたものをBGM代わりに聞き流しているのとでは、音楽を聴くという本質的な意味合いが変わってくるからです。なので、チャートはあくまで参考程度として考えています。

その分、僕が自分自身の流行の尺度として考えているのが、街中で実際に出合う音楽。例えば、弘大《ホンデ》や聖水《ソンス》といったソウルっ子たちの集うエリアで、BGMとして出合う楽曲には、一体どんなものがあるのか。それを身をもって体験することで、本当の流行に出合えるはず……。僕が今も、ソウルに時間のある限り足を運ぶ理由は、CDショップに行く必要がなくなったとしても、人々が実際に触れている音楽に出合えるからです。その場所での真の流行を知る手段として、アナログ的ではありますが、一番感覚的にわかりやすいと思うんです。

Q 好きな韓国語はありますか？

よく聞かれる質問ですが、믿음（ミドゥム）という言葉です。直訳すると「信じること」となりますが、〝Believe〟という英語にした方が、よりわかりやすいかもしれませんね。個人的に、人との信頼関係というのは、この相手を「信じること」の上に成り立っていると思うのです。ただ、それを言葉通りに実践することって本当に難しいわけで……。もちろん、僕自身も、完璧な人間ではありませんから、人から「そういう存在」として認めてもらうために、日々努力しなければと思っています。

Q 古家さんがプロデュースするならどんなアイドルにしますか??

多くのK－POPアイドルたちと仕事をしている中で、「もしかしたら僕がプロデュースした方が売れるんじゃないか？」と思うことも、実は……あります。ただ、実践するには難しいですよね。人集めから、コンセプト作り、更には資金を投入しての育成……と個人でこれをやろうとすると、相当な「覚悟とお金」が必要になると思います。でも、もし、僕にそのチャンスが与えられるなら、R&BやHIP HOP、EDMといった今のダンス・パフォーマンス主軸のグループではなく、フォーキーな、つまりカントリーやフォーク的な音楽とパフォーマンスを融合させた、一見古臭く見えるコンセプトを、しっかりK-POP的な見せる要素も取り入れて、まったく新しいコンセプトのボーイズ、もしくはガールズグループで勝負したいと思っています。誰か、賛同してくれる人、いないでしょうか……。

Q

韓国語と日本語で、存在しない表現があったり、直訳・意訳だったり、いろんな難しい面があると思います。古家さんが翻訳する際に気をつけていることは何ですか？

これはステージでMC兼通訳として仕事をする際と、文字で翻訳する際では大きな違いがあるのですが、まず、MC兼通訳として仕事をするときのケースからお話させてもらおうと思います。

個人的には、MCが通訳を兼ねることは、なるべく避けたいんです。MCという仕事は、一見、台本通りにただイベントを進行しているだけのように見えるかもしれませんが、実はそうではなく、常に一歩先を見据え、ファンとスターの間に立って、そのときどきのベストなコミュニケーションを模索しながら、進行しているんです。それだけでも重労働なんですが、そこに通訳作業が入ると、かなりの重圧になります。しかも、ステージ上の通訳さんの姿を見ていただければわかりますが、下調べした大量の資料を観ながら、的確にスターの話す言葉を、一言一句洩らさぬよう、しかも、テンポよく通訳されているんです。つまり、多少韓国語が喋れるからといって出来ることではなく、いかに、わかりやすい日本語を用いて、それができるか。そのためには、大量の日本語のボキャブラリーと知識が必要になります。ですから、MCがそれを本気でしようとすると、少なくとも立った状態でそれをするのは、無理なんです。ですが……あるんですよね、両方を兼ねることって。その背景には、予算的な問題が圧倒的に多いのですが、たまにわざわざMCに通訳を兼ねてほしいと依頼してくるケースもあるんです。その目的はズバリ、「テンポ」。その一言に集約されます。通訳さんを介すと、どうしても会話に遅れが生じてしまいます。そうなると、韓国語だけの会話よりも、ワンテンポ、遅れてしまうのは避けられません。それをMCが通訳も兼ねることで、訳すというよりも、**スターの言葉をMCの会話の中に取り込む**という作業が可能になります。こうして、極力、その遅れをなくすことで、会話のテンポ感を乱さないようにしたいという主催者の思惑も、たまにですが、実際のケースとしてあるんです。そうなると、テンポのために、全訳ではなく意訳して、本当に必要な情報だけを取捨選択して、会場のお客さんに伝えなくてはならない作業が伴ってきます。これがじつは、難しいポイントなんです。そのためには、先に申し上げた通り、いかに日本語のボキャブラリーがあるかということが重要になってきます。なので、最近はMC兼通訳さんになりたい人も増えているようですが、一番大事なことは、母国語のボキャブラリーの多さ、知識量の多さであることを知っておいてもらいたいのです。これだけ韓流・K－POP人気が長く続き、日本から韓国への留学生も増え、日本国内でも韓国語学習熱が高まる中、ハングルが読める、ないし韓国語が流暢に話せる人も、昔に比べるとかなり増えました。でも、**言葉を生業にするためには、プラスアルファの人生経験が大切**になってくるのです。ですから、僕からアドバイスできることは、韓国語を学ぶことはあとからでもいいから、幼いころからいろんな人生経験を積んで、幅広い知識や関心を持ってほしいということなんです。

一方、翻訳は、ＡＩの技術が発達すると、この先、Ｇｏｏｇｌｅ翻訳で事足りてしまう可能性は十分にあります。では、人間の翻訳の強みは何かというと、その人にしかできない翻訳をするということではないでしょうか。今や直訳なら、翻訳機やサイトの精度も相当上がり、大体の意味なら、それで満足している人も多いでしょう。でも、歌の歌詞や文学には、直訳だけでは見えてこない、その瞬間の作者の感情や空気感が存在します。それをいかにして言葉で補ってあげるかは、今のＡＩ技術ではまだ足りておらず、その言葉、そこから受ける印象は、訳者によって大きく異なります。つまり感性が大切になってくるわけです。こういった感性は、幼い頃からいかに本を読んでいたか、親が子にさまざまな体験・経験をさせていたかが重要で、大人になってから簡単に養えるものではありません。結局、先の話と一緒にはなってしまいますが、言葉の精度よりも、人間力が重要になってくる、そんな仕事だと思うんです。そんな人間力をいかにつけるか……言葉を学ぶことは基本として、そのための努力を、重ねて欲しいんです。

Q 話すトーンや速度がちょうど良く……。聞いていて心地よい話し方の古家さんが好きです。話し方で気をつけている事などありますか？　参考にしたいです。

そもそも**僕は「喋りが早い」と言われる**ことが多く、20代、30代前半、ラジオの朝番組を担当していた時は、ディレクターやラジオ局のPDから、よく怒られたものです。でも、それはきっと喋る内容を原稿に書いて、それを必死に読むことだけに集中していたからかもしれません。つまり、間違いなく読むことを美徳として、それを「伝えよう」という努力に欠けていたと、今となっては思います。それが大きく変わったのは、台本通りに喋ることを止めてから……。そう言うと、少し乱暴に聞こえるかもしれませんが、丁寧に説明させてもらうと、台本を無視するのではなく、**台本を噛み砕いて、自分の言葉に置き換える作業をする**ようになってからだと思います。そして、その作業ができるようになったのは、残念ながら30代も後半、40代前半からでしょうか。そのきっかけは、韓流やK－POPのイベントMCが増える時期と重なります。イベントに参加される方は気づかないかもしれませんが、昼夜2回回しのイベントの場合、もしくはいくつかの会場で同じイベントを行う場合、同じ内容、同じ台本でイベントを行うことも少なくありません。主催者としては、お客さんが被るという前提はなく、違うお客さんが来ることを前提に、すべての人に同じ体験をしてもらいたいという思いから、意図的にそのようにする場合もあれば、予算がないとか面倒だからという理由で、同じ台本・同じ内容でイベントを行うこともあります。僕はその理由が如何なる場合においても、スターの立場に立って、仮に同じ台本でも、同じような内容にはしたくないんです。同じ写真を紹介するにしても、視点を変えてトークするとか、同じゲームでも、順番を変えたり、クリアするためのルールを変えたりという作業を、イベントの進行と同時進行で考え、取り入れていきます。もちろん「そうしてください」と頼まれているわけではなく、そうすることで、同じようなことをやってもスターも飽きずに、常に新鮮な気持ちでイベントに臨んでもらえますし、少なからずいる、何度も同じイベントに足を運んでいるお客さんも、違った視点で同じ内容を楽しんでもらえると思うんです。話は逸れてしまいましたが、その時に大切なのが、台本をどこまで理解して、自分のものにできるかということなんです。ですから、かつてはただ読むだけだった台本を、自分のものにする過程が自分の中で増えた分、台詞の1つ1つを**自分の言葉に置き換えられるように自然となっていった**んですね。なので、意図的にゆっくり話しているわけではなく、聞き手に伝わるように喋ろうとしているだけなんです。きっとそれが人によっては心地よく感じられるのかもしれません。

Q ― 大勢のアイドルグループとお仕事をされているのに、お名前を覚えていて毎回凄いと感動してます。どうやって覚えているのでしょうか？　いつも気になっています。

正直言うと、難しいです。特に、事前リサーチをしていく中で、映像などで予習をしっかりしていったとしても、カムバック直前で印象がガラッと変わることもありますし、オフィシャルの写真だけでは、その人自身が見えてこないので、本番直前の顔合わせがある場合はリハーサルの際に、顔で覚えるのではなく、**キャラクターでその人のことを覚える**ようにしています。話し方や仕草、癖、性格といったその人の人柄を、短い時間に瞬時に捉えるように努力しています。このような作業は、僕が大学生の時に、塾で講師のアルバイトをしていた経験が役に立っているかもしれません。塾講師の場合は、グループのメンバーを覚える以上に、学年の、性別の異なる学生たちの顔と名前を覚える必要があります。塾なので、それを強制されているわけではありませんが、子どもたちは、先生が自分の顔と名前を覚えてくれることだけで、勉強に対するモチベーションが変わるので、子どもたちの成績にも大きく関わってくることなんです。ですから、個人的には、できる限り覚えようと当時は必死でした。でも、やはり限界があるわけです。そんな時に、塾の先輩講師から「顔で覚えず、キャラクターで覚えると良いよ」って言われ、「そんなことできるわけない」と思いながら試してみたところ、それが意外と上手くいったというか、自分の性格に、その覚え方がマッチしたみたいで、それ以降は、顔よりもキャラクターを重視して覚えるようにしています。そうするとイベントの際に、誰を活かして、ステージを回すかのヒントにもなりますし、一石何鳥にもなるとわかったんです。きっと「人」が好きだから出来るのかなぁとも思いますが、それでも、わからない時はわからないですし、常に緊張感をもって相手を知ろうと心がけています。

Q 数多くの俳優さんやK-POPスターとお仕事をされてきた中で、忘れられない一言とかあればぜひ教えてほしいです。

真っ先に思い出すのは、日本では映画『猟奇的な彼女』の主題歌である「I Believe」を歌った方という印象の強い、「韓国バラード界の皇帝」として知られる**シン・スンフンさんの言葉**です。シン・スンフンさんとのお付き合いも、20年近くと非常に長いものになりますが、２００７年にａｖｅｘ ｔｒａｘから『SHIN SEUNG HUN WINTER SPECIAL 愛という贈りもの』というアルバムをリリースされた際に、「SONG FOR YOU」という日本語詞の、このアルバムのために書き下ろした曲が収録されていたんですが……。

２００７年というと、ＫＡＲＡや少女時代のデビューの年であり、ＷＯＮＤＥＲ ＧＩＲＬＳが「Tell me」シンドロームを巻き起こし注目を集め、デビュー2年目のＢＩＧＢＡＮＧが「LIES」を、Ｂｒｏｗｎ Ｅｙｅｄ Ｇｉｒｌｓが「オアシス（오아시스）featイ・ジェフン」を大ヒットさせトップスターの仲間入りを果たすなど、Ｋ－ＰＯＰアイドルで言えば、第2世代が台頭するような、Ｋ－ＰＯＰ史における

ターニングポイントになるような年でした。そして、その頃から、K－POPスターたちの日本進出が加速し始めます。

それまでは、BoAさんや東方神起に代表される、いわゆるK－POPアーティストの日本現地化を中心に、日本語オリジナルを作り、韓国色を薄め活動させることで、その活動のフィールドを広げることに成功。つまりJ－POP化することで、WORLD MUSICの棚にひっそりと置かれていたK－POPを、（当時は）CDショップの売り場面積で最大を誇っていたJ－POPコーナーに展開できたことで、より幅広い人たちに知ってもらえることができたわけです。今では信じられないかもしれませんが、2000年代前半までは、アジア各国の歌手が日本で活動するにあたっては、それぞれの母国語で歌うことは少なく、日本語で歌うことがスタンダードであって、それが大衆ヒットにつながっていたのは紛れもない事実です。オリコンチャートにK－POPに限らず、英語を含め、外国語で歌った曲がなかなか上位にチャートインできない現実は、日本人の世界共通言語である英語を苦手とする、外国語に対するコンプレックスにより、こうせざるを得なかったことは言うまでもないでしょう。今回、質問を募集した際に、「どうして韓国の歌手が日本に進出する際に、わざわざ韓国語原曲の日本語ヴァージョンを歌わなくてはならないんでしょうか？」という質問を本当に多くいただいたんですが、先にお伝えした通り、韓国の方に限らず、日本の社会における外国語に対する苦手意識が、少なくとも2000年代前半までは強くあって、それが結局、音楽ビジネスにも影響を与えていたため、とにかく日本語で歌うことを優先していたという現実があったということ。さらに言えば、原盤をそのままリリースしても、それを売る日本のレコード会社にはほとんどメリットがないため、日本語ヴァージョンという原盤を新たに作り、レコード会社にもしっかり還元できるようにしていたことも大きな理由の1つと言えます。

前置きが長くなりましたが、最初のシン・スンフンさんの話に戻ると、「SONG FOR YOU」という日本語詞のオリジナル曲を書くことになった過程についてお話を伺った際に、先程お話したようなさまざまな大人の事情のために、シンさんがこの曲を作らざるを得なかったのかと思ったんですね。ところが、シンさんの答えは違ったんです。「自分はバラードを数多く歌っている歌手なので、その歌詞の意味を、日本の皆さんにも解ってもらった上で聴いてほしいんです。でも、多くの方は韓国語を理解できないでしょう。であれば、歌手である自分が、**聴いて欲しいと願う国**

の人のために、その国の言葉で歌うことが必要なのではないか」と。そこで僕が「歌詞がわからないと、感情を込めるのは難しいんじゃないですか？」と質問すると、シンさんは「歌手はそれをするのが仕事です」と一蹴されてしまいました。これらシンさんの言葉は、それまで僕の中にあった、韓国人アーティストたちが、日本で日本語の曲を発表する意味とその概念を大きく覆したんですね。そして、そんな想いをもって、わざわざ難しい日本語で、日本のファンのために日本語で歌ってくれているということに対して、本当に感謝しなければならないんじゃないかと。逆に考えてみてください。日本のアーティストが、韓国で、韓国語ヴァージョンのシングルを出すと思いますか？　いくら音楽市場の大きさの違いがあるとはいえ、今や韓国も音楽市場の規模で世界7位の国になりました（日本は2位）。ですから、ビジネスのためだけとは言えないと思います。

この話を聞いて、少しでも多くのK－POPファンが、K－POPアーティストが日本でリリースする、日本語ヴァージョンの曲に対する意識が変わってくれたらいいなぁって思います。

Q

K-POPアイドルや俳優さん達と一緒にお仕事をして、ふと垣間見る素顔や性格の良さ、プロ意識の高さが分かるエピソードはありますか？ このグループは（またはこの子は）売れるな、など感じる事はありますか？ そしてそれが当たる確率はどのくらいですか？

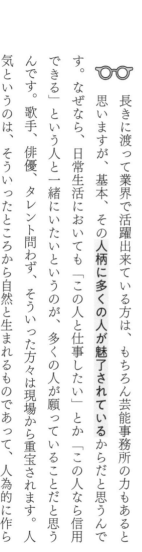

長きに渡って業界で活躍出来ている方は、もちろん芸能事務所の力もあると思いますが、基本、その人柄に多くの人が魅了されているからだと思うんです。なぜなら、日常生活においても「この人と仕事したい」とか「この人なら信用できる」という人と一緒にいたいというのが、多くの人が願っていることだと思うんです。歌手、俳優、タレント問わず、そういった方々は現場から重宝されます。人気というのは、そういったところから自然と生まれるものであって、人為的に作られた人気は、あっという間に自然消滅してしまいます。誰だって、人を見る目を持っているわけですから、そのくらい見抜けるはずなんです。

韓国のスターたちのすごさは、その人柄にあると僕は思います。20年前から韓国とのお仕事をさせてもらっていますが、これまで出会ったスターたちの中で、**極めて印象の悪かった人は、ほぼいません。**特にアイドルたちは第3世代以降、芸能事務所の育成プログラムの中で極めて高い社会性を身に付けるよう指導されていますし、それ以前であっても、儒教の道徳の中で、年上、自分たちよりも地位の上の人に対する礼儀を忘れません。仕事をする中で、僕が嫌な思いをしたことは、ほぼないんです。ですから、その評価軸は人間力ではなく、歌やパフォーマンス、もしくは演技力になるわけです。

アイドルとのお仕事では、出会って**パフォーマンスを見た瞬間に、「あ、このグループは売れる」という確信が持てます。**会った瞬間に、オーラが見えるんです。霊媒師のようなことを言っているように思われるかもしれませんが、単に、歌や踊りが巧いというだけではなく、所属事務所やスタッフとの信頼関係、メンバー間のコミュニケーション、笑顔が作られたものかどうか、などなど、彼ら・彼女たちを取り巻く環境の1つ1つが、「売れるオーラ」につながっていて、そのオーラを纏ったスターたちは、8割9分、これまでの自分の経験から言って、売れていますね。もちろん、絶対売れると思っていたグループであっても、そううまくいかなかったケースもありますし、これは売れないだろうと思っていても、大スターになったケースもあります。ですから、確率的に百発百中とは言えませんが、それでも、長くやっていると、何となくオーラって見えてくるんですよね。不思議ですけど……。

Q なぜ日本のライブだけスマホでの撮影が禁止されると思いますか？ ほかにもいろいろと厳しいように思います。安全のためなら協力したいけれど、盛り上がりに影響したら残念だと思います。

肖像権の問題と、映像コンテンツの売り上げに影響が出るからという、この2つの理由しかありません。2つともこれまでの日本の音楽界、映像業界において、クリエイターの権利を守るために必要なものでした。実際に、これを放置してきた国では、ライブ映像をわざわざＤＶＤやブルーレイディスクで購入する人は、ほとんどいなかったでしょう。日本は、それを厳しく規制してきたからこそ、映像メディアは売れ、ＰＰＶ（ペイパーヴュー）はしっかり課金して観る人が圧倒的に多く、そこにビジネスが生まれ、そこから派生する売り上げが、アーティストに還元されてきたわけです。韓国もここに至る過程で、肖像権の問題や映像コンテンツをいかに保護するかで、業界自体は相当悩まされてきましたし、その辺りをしっかりコントロールできていた日本が羨ましいと、韓国の多くの関係者が言っていたほどです。

その流れが大きく変わり始めたのは**SNSの普及**です。特に韓国では、EXIDやGFRIENDといったK－POPアイドルは、**ファンの撮影した動画がきっかけになってブレイク**したこともあり、違法に撮影された動画であっても、表向きには規制しながら、暗黙の了解で、その流布を押さえつけない流れが自然と定着していきました。ただその背景には、音源問題含め、韓国では日本のように、著作権を厳しく管理できなかった時間が長かったことが、結果的にプラスに働いたと言えます。逆に、日本は厳しく保護された権利でビジネスが成立した時間が長かったからこそ、それを壊してまで、ユーザーに対して新しい価値による恩恵を与えようとしなかったわけです。ですから、簡単にこれを、**「日本は世界のスタンダードから外れている」という言葉で片づけることはできない**のです。なぜなら、そのおかげで、日本ならではのルールを守る公演文化が築かれ、保たれてきたからです。

ところが最近は、日本のアーティストでも、ライブ中の撮影について、曲を制限しつつも、許可するケースも増えてきていますし、K－POPに関しては、積極的に、公演中の撮影をOKするケースが少なくありません。理由としては、マスメディアが以前のように力を失った中、SNSを通じての動画の広がりによって、新しいファンを獲得できるチャンスが増えているから。その世間の流れに、権利を保護する以上の意味が生まれたからこそ、日本でもその動きに拍車が掛かっているのです。

ですが……ここからは個人的な主観になりますから、僕の言うことが100％正しいということではないことを事前にお伝えしておきます。僕は公演中の撮影に関しては、もし「OK」と言われても、まったく撮影する気にならない派です。というのも、そもそもライブやコンサートに行くことは、撮影が目的ではないはずです。普段は映像で見ている、CDで聴いている音楽を、その場でリアルに体験したいから会場に行くわけですよね。これを否定する人はいないでしょう。でも、それをわずか数インチのモニターを見ながらパフォーマンスを撮影したところで、後に再生した時に同じ感動と興奮を味わえるでしょうか。そんな余裕があれば、しっかり目と耳、心に焼き付けておく方が、体験としての公演をしっかり消化できていると言えないでしょうか。

実際、MCの立場で、「撮影OK」のイベントに参加することも増えていますが、残念ながら、その時の会場の雰囲気は、ちょっと異常です。撮影することが主となってしまうため、声出しや拍手も少なく、とにかく盛り上がりに欠けるのです。それを実際、スターも感じていますし、やりにくさも出てきます。つまり公演の盛り上がりという点において、撮影OKは、何らメリットはないのです。もちろん、フォトタイムはありだと思いますし、それは嬉しい人も多いはずです。ただ、**公演中の動画撮影に関しては、個人的には反対**です。逆に問いただしたいのが、どうしてそんなに撮影したいのでしょうか……。

Q

K-POPのアルバムのジャケットについて不思議に思ったことがあります。韓国国内用ジャケットはどのアーティストもメンバーの顔出しがなくグラフィック的な絵柄が多いように感じます。対して同じアルバムでも日本向けに発売されたものだとメンバーの顔が載っていてしっくりくるのですが、これは韓国音楽業界の規約などがあるのでしょうか？　もしご存知でしたら教えてください。

鋭い質問ですね。最近では、1つのアートワークとして認められるようになった韓国のCDですが、もちろん、昔は日本同様、いわゆるCDが1枚だけ入る透明なプラスティックケースに歌詞カードとCDが入ったパッケージが主流でした。ところが2000年代に入り、CDの売り上げが一時落ちた際に、CDのケースを製造する会社の事業撤退が相次ぎ、DVDケースを代用した縦長のパッケージが徐々に増えていきます。この頃、韓国のCDショップに行くと、販売棚から、不規則に飛び出たCDが目に入るようになってきます。つまり、当初はアートワークとして作られたものではなく、CDケースの調達が国内では難しくなるから、その対策として、**独自仕様のパッケージの制作が始まった**経緯があります。

さらに言えば、2010年以降、K－POP第2世代の日本進出と日本でのK－POP人気の高まりを受けて、K－POPアイドル達の来日が増え、日本におけるCDの販売促進施策として一般的なハイタッチ会や握手会、トークやミニライブを含むリリースイベントを数多く経験したことで、韓国側でも、音楽メディアとしてのCDではなく、**コレクティング・アイテムとしてのCDの価値が評価**されていきます。もちろん、今のCDのアートワーク化は、各芸能事務所の力のなせる業ですが、それ以前の話として、ここに至る過程には、音楽メディアとしてのCDの衰退と、K－POPの本格的な日本進出が大きな影響を与えていることは、知られているようで、あまり知られていないことだと思います。

あとはデザインに関しても、日本と韓国ではデザインの言語が全く異なるといって良いと思います。CDに限らず、ドラマや映画のポスターにおいても同様です。例えば、有名なところでいうと、日本でも大人気のドラマ『トッケビ』の、日韓におけるポスター・ビジュアルの大きな違いが、ファンの間で話題となりました。韓国版のポスターが世界観やイメージを優先した、モノトーンなカラーリングが印象的な一方、日本版は、ラブコメ・ラブストーリーの持つキラキラ感を重視した、鮮やかなカラーリングで仕上げられていて、『トッケビ』ファンの間では、どちらが良いか、賛否両論となったことは言うまでもありません。その違いの背景には、この作品を誰に、どの層に届けたいのかという、ビジネス・マインドの違いがあります。『トッケビ』という言葉は、その存在を知っている韓国人に意味を説明する必要がないので、あくまでドラマの世界観を前面に押し出したとしても、それを受け入れるマインドを持っているわけです。でも日本では、「『トッケビ』とは何ぞや」というところに始まり、人気のラブコメを想起させるビジュアルを引用することで、より幅広い層に、予備知識がなくても見てもらえるだろうという思惑があるからこその「あの」ビジュアルなわけです。

　これを受けてＫ－ＰＯＰの話に戻りますが、ＣＤのアートワークにも同様のことが言えます。韓国では、当たり前のように知られているアーティストであっても、日本では、ファンは知っていることを前提に、そのファン層のすそ野を広げるために、より明確にアーティストのイメージを知ってもらうため、**アーティストのビジュアルを全面に活かしたジャケットを好む**傾向があるわけです。あとは、日本の場合、ＣＤの制作と流通はレコード会社が担い、韓国の場合は、制作を芸能事務所が行い、レコード会社は流通のみという、ＣＤの制作過程の違いも、ＣＤジャケットの独自性の確保につながっていると思います。

　つまり日本の場合は、ＣＤに関しては、レコード会社のビジネスとしての側面が強いため、レコード会社の、昭和の時代から積み重ねてきたこれまでのビジネス慣習が至る所に残る一方、韓国の場合は、芸能事務所が簡単に言えば、**専門のプロジェクト・チームを立ち上げ、自分たちがやりたいように自由に制作できる**という環境があるからこそ、そのアーティストや時代に応じた形のものを作りあげられるのだと理解してもらえれば、日本と韓国のCDジャケット、パッケージのデザインの違いとその背景にあるものが見えてくるのではないでしょうか。

Q —— 長年K-POPや韓流を見てきた古家さんですが、20年前と今は音楽やドラマや韓国文化などに変化はありますか？ 昔と今で感じる事、違いはありますか？

細かい変化を挙げればキリがありませんが、大きな違いは**「自信に溢れている」**ということです。90年代後半にあった通称「IMF危機（P173参照）」の際、国興しの1つとして、時の金大中《キムデジュン》政権が行った、国家ブランドを向上させるために文化産業を支援したことが、その大きなきっかけになったと、個人的には思っています。その理由として、ブランド力向上のために、この時を境に、文化コンテンツの海外進出を加速させることになったからです。それまでは、できる限り海外コンテンツの流入を防ぎ、自国の文化を守るという名目で、スクリーンクォーター[※1]

制などの文化的な鎖国を行っていたわけですが、アニメやキャラクタービジネスで世界的な成功を実現した隣国・日本の例にならい、内国向けに作られていたコンテンツを、**海外市場を意識し、発信力を高めたことで、徐々に変化が生じていきました**。それは一方で、海外に自国の文化を発信するための代償として、門戸を広げ、外国の大衆文化をより受け入れなければならなかったということです。

信じられないかもしれませんが、僕が留学していた90年代後半、今でこそ当たり前のように英語、日本語をはじめ、多種多様な言語の看板が街中を彩っていますが、当時は、そういった看板は少なく、圧倒的にハングルが街を占拠していたんです。これもまた、文化を守ろうとする当時の政策が多分に影響していたと思います。第二次世界大戦後、韓国では、政府が「ハングル専用運動」を行い、日本様式の看板はすべて撤去。漢字表記そのものも排斥され、中華料理店の看板のみが漢字表記を認められたという歴史があります。このような街のハングル化の基盤にはナショナリズムがあるわけですが、90年代に入って民主化が進み、その状況は少しずつ変わっていきます。経済的に急速な発展を遂げ、国民一人当たりの所得が上昇し、海外旅行も自由化され、大衆文化を楽しむゆとりが生まれたことも、文化の多様性の受け入れに大きな影響を与えたわけです。

さらに言えば、98年以降、金大中政権による日本の大衆文化の開放によって、それまで不法的に流入していた日本のカルチャーが合法的にオープンされ、アニメや歌謡曲など、それまで韓国のものだと思っていたものが、じつは日本のもの、もしくは日本由来のものだったことが、大衆的に知られるようになったことで、**より独自性のあるものを作らざるを得なくなった**という環境も、韓国ならではの強みのあるコンテンツが生まれるようになった背景にあるでしょう。もちろん当時、その開放に関しては賛否両論あり、「今度は文化植民地にする気か」といった強い意見も少なくありませんでした。ところが、思ったより、その影響は少なかったと言えます。当時はマスメディア主導の時代でしたから、世論を意識して、積極的に日本の大衆文化を取り上げる放送局や番組も少なかったので、映画、音楽、演劇の各分野で、最初から大きなヒット作はありませんでした。しかも、日本の各業界が、積極的に自国よりも市場の小さかった韓国でのビジネスに力を入れることもなかったので、当然、日本における韓流やK－POPのような人気や支持を得るに至らなかったわけです。

その間、韓国の各業界は、日本との活発なビジネスによって、さまざまなノウハウを得ていきます。例えば公演に関しては、かなり技術的な部分のノウハウを、俳優たちのファンミーティングやK－POPのコンサートを通じて吸収していきましたし、レコーディング技術もスタジオの機材導入やオペレーションを、日本の専門学校でそれらを学びに留学していた留学組が、韓国に帰国して以降、そのレベルを着実に上げていきました。こうした経験と韓国ならではのパルリパルリ（早く早く）文化、さらに新しいことに果敢に・積極的に取り組んでいく姿勢と、そもそも備わっていたクリエイティビティな部分が融合して、**短期間での大衆文化の発展につながっていった**わけです。

ひと昔前の韓国は、「ファスト・フォロワー」（Fast Follower）的――イノベーションに力を入れるのではなく、誰かが作り出したものに対して、それを活用して、さらにそれを上回る良いものを生み出す――な考え、空気が社会に漂っていました。例えば、スマートフォンという文化を切り開いたAppleのiPhoneですが、市場にその存在を根付かせたのは、後に世界シェア1位を記録した、より安く、より使いやすくしたSamsungのGalaxyシリーズであったように、ファスト・フォロワーは短期的に大きな成功を収める可能性が高いのです。エンタテインメントにも共通していることが言えるでしょう。映画、ドラマ、音楽……既視感はあっても、それを独自の味付けで、より面白いものに仕上げてしまうテクニックによって、世界的に支持されてきた韓国の文化コンテンツ。こうして徐々に自信を得てきたわけです。ただ、フォロワーの宿命は、次はその成功に対する新規のフォロワーが出てきた時に、どのように対応すべきかということです。マニアックな話になりますが、先ほどのスマートフォンの話に戻れば、折り畳みスマートフォンの元祖であるＳａｍｓｕｎｇですが、すでに技術的には、ＨｕａｗｅｉやＸｉａｏｍｉといった中国企業の技術力の方が上回っており、Ｓａｍｓｕｎｇはむしろフォローされる側になりつつあります。こうした事態を避けるには、イノベーターになるしかありません。

最近、韓国の音楽関係者と話すと、もはやＫ－ＰＯＰのＫという言葉は、あえて使わない方が良いのではという話をよく耳にします。今まではＫ－ＰＯＰだから話題になる、Ｋ－ＰＯＰだから売れるという感じになっていましたが、本家Ｋ－ＰＯＰだけでなく、世界的にＫ－ＰＯＰ的なものが増えすぎてしまい、本家がそこに価値を見出すのが難しくなってきていると。確かに、K－POPといっても、既存のジャンルを「観て楽しむ音楽」に昇華させたポップ・ミュージックの表現方法の1つでしかありません。ですから、これからはポップ・ミュージックの土壌で、それぞれのアーティストがK－POPという枠を越え、一アーティストとして戦っていく姿勢が必要だと。それが結果的に「韓国人が作り上げたものだったんだね」で良いのではないかと。これもインターネットやSNSの発展によって進んだ、エンタテインメントのグローバル化の影響が大きいと言えるでしょうね。

※1　スクリーンクォーター制……劇場で上映する映画の内、韓国映画の上映本数を一定数以上にしなければならないという制度。

Q　異文化を受け入れる日本と韓国の関係を、どのようにご覧になっていますか？

世界史の観点から言えば、隣国ってもめ事が多いですよね。当然、日本と韓国においてもそれが当てはまると思いますし、今でも政治的・歴史的にさまざまな課題を両国が抱えているのはご存じの通りです。でも、不思議なのが、そんな関係でありながら、互いの文化に、ここまで関心のある二国って、珍しいような気がしませんか？　言語も違い、海を隔てているにも関わらず、両国間の人の往来は激しく、それぞれの国で互いの国の食文化に関心を寄せ、エンタメを共有し合い、そして、どこか憧れを持っている……。個人的には、なんて幸せな関係性なんだろうと。よく昔から日本と韓国は兄弟のような関係だという人がいます。その時、必ず「どちらが兄貴なのか」ということを言う人がいますが、それはどうでもよく、確かに兄弟という関係性が当てはまるような気がします。友達とは違うと思うんです。常に互いを意識し合いながら、困った時には支え合う。喧嘩もすれば、ハグもする。そして、性格は違えども同じ家族としての価値観を共有できる。このような関係を、民族も言語も異なる状況で作り出せる隣国って、他にあるんでしょうか。僕の仕事からも、それを理解していただけるような気がします。韓国関連のイベントのMCや番組の司会の仕事で食べている僕ですが、それを同じ隣国であるロシアや中国に置き換えてみてください。多分、そんな存在はいないでしょうし、仕事として成立しないような気がします。それだけ、日本と韓国は、世界的に面白い関係の二国だと、第三者から見ても、思えるのではないでしょうか。

Q

カムバックする度に、初動売り上げ400万枚を超えるグループが出るようになってきたこのご時世で、人気グループを抱える芸能事務所は、サステナブルやSDGsとも寄り添った経営が必要とされてくると思います。昨今ではプラットフォーム盤アルバム（minirecord社）なども発売されており、各所での企業努力が伺えます。しかし、ファンの立場からすれば、アルバム購入の目的は、CD視聴やフォトブックの閲覧ではなく、封入されているトレーディングカードや店舗別購入特典の入手が主です。アーティストの輝かしい記録の裏では、カードを抜き取られただけのアルバムが大量に廃棄されたりしています。こういったことを踏まえ、初動売り上げ枚数の記録を塗り替えようとするK-POPの習慣・文化は変わっていくべきだと思いますが、いかがですか？

残念ながらこの文化、その発祥は日本ですよね。日本が先にCDをグッズ化させて、音楽メディアとしてのCDの価値を風化させたのは言わずもがな。それをベースに、韓国は、さらにCDのグッズ化を加速させた感じだと僕は受け取っています。ご質問にもあったように、こうしたことを踏まえて、韓国の各芸能事務所は、音盤のあり方や販売方法について、議論を交わしていることは間違いありません。

かつて2000年代前半は、韓国に行かなければ最新のCDが手に入らず、今のように音源を自由に入手できる世の中でもなかったので、僕は月に1、2回、韓国に行く度に、その月にリリースされる新作CDをほぼ全て自腹で購入してきたわけですけど、今はほとんど購入しなくなってしまいました。そのきっかけは2017年です。この年の年間ランキング上位をOSTと配信楽曲が占めることになり、CDを購入しなくても、音源があれば事足りるようになってしまったからなんです。その中で**韓国のCDショップは今、隆盛《りゅうせい》を誇っています**。というのもこの間、韓国の音楽市場規模は（金額ベースで）世界7位（2023年）となって、また（CDなどの）音盤売り上げは過去最高（2022年）を記録したんです。世界のCD市場が縮小する一方で、**大幅な伸びを記録している国は韓国以外存在しない**（ＩＦＰＩ調べ）んですね。

そう、店頭にはバラエティに富んだ大きさの特典盛りだくさんのＫ－ＰＯＰアイドルの新譜やＯＳＴ盤を中心に、最盛期のＣＤショップの勢いがまるで戻ってきたかのような雰囲気が漂っています。ただ、その姿は、かつてのＣＤショップのそれではなく、アイドルのグッズショップのような雰囲気とでもいいましょうか。この売り上げの急激な増加は、ファンダムの力によってもたらされた、グッズ目的と、チャート上位ランクインのための、まとめ買いのおかげでもあるわけです。これは、実際に数字にも表れていて、韓国消費者院がＫ－ＰＯＰのグッズを有料で購入したことがある消費者５００人を対象に調査を行い（２０２３年）、グッズ収集を目的にＣＤアルバムを購入し、加えて音楽鑑賞を目的とした消費者はわずか５．７％にとどまり、調査対象者の８３．８％が音楽そのものは、音源や動画ストリーミング再生で聴くと答えています。この数字からも、韓国の音楽市場の急激な成長は、グッズ目的のＣＤ購入によって支えられていると判断できるでしょう。これについて調査を行った韓国消費者院は「デジタルアルバムの発売を拡大するなどの対策が必要だ」

と指摘していますが、グッズ目的以外にも、アメリカのビルボードや日本のオリコンといった世界の名だたるヒットチャート上位に進出するためには、かつてほどではないにしても、音盤の売り上げを重視する傾向があるので、各芸能事務所にとっては悩みどころだと思います。

ただ、ご指摘の通り、K－POP人気の世界化によって、SDGsなど世界的な環境保護運動に対する意識を、アーティストや芸能事務所が積極的に高める必要も出てきているので、芸能事務所によってはすでにCDの販売をやめて、**配信やダウンロード販売のみのデジタルアルバムだけに特化する動き**も出てきてはいます。こうした動きを加速させるためには、ヒットチャートの構造そのものを変える必要がありますが、どのように発展させるべきなのかは、音楽の聴き方の多様化によって、1つ、2つに絞り込むのは難しいのではないかと思います。

CDのグッズ化は、一方で、**一種のアートとして価値あるものにもしている**ので、その文化は守るべきでしょう。でも、それをCDのパッケージとしてこだわる必要はないはずです。レコードもそうでしたが、世の中にはCDを必要としている人もいて、CDの販売を取りやめる方向に向かうのも極端な選択だと思います。要は、

CDを音楽メディアとして活用していない人に対して、業界としてどうすべきかを考えなくてはならないということではないでしょうか。これはK－POPに限らず、世界の音楽業界が一緒になって解決しなくてはならない問題だと思うのです。個人的には、その一歩として、**世界が音楽ヒットチャートのあり方と、その尺度を大きく変える必要がある**と思うのです。

Q 古家さんのK-POPはもちろん、韓国や世界とつながっていく、関わっていく姿勢や視点から学ぶことが多いと感じています。古家さんが感じる〝世界史〟〝世界観〟について、ざっくりとでもいいので伺えたらうれしいです。

そもそも**好奇心旺盛**なんですね。昔から親に、「『へぇ』ではなく『なぜ、どうして』と思いなさい」と言われてきました。なので当時、周囲にいた大人たちは、僕のことを相当ウザい子どもだと思っていたのではないでしょうか。しかも、僕が幼かった頃はインターネットがなく、「なぜ、どうして」を解決するためには、自分で直接、人生の先輩たちに教えを乞うか、図書館で調べるしか、その解決の術はなかったわけです。

じつは大学2年生の時に、僕はある民間親善大使の活動に参加しました。それは、海外の田舎町で、日本の文化を紹介するというプログラムで、約1カ月間、現地の一般家庭にホームステイしながら、現地の学校やコミュニティで日本の文化を紹介する活動を行うというものでした。なぜこのような活動に参加したのかというと、日本人なのに、日本のことをよく理解していないのではないかという疑問を抱いたからなんです。

僕は昔からマラソンが大好きで、幼い頃からたくさんのマラソン大会に参加していました。そんな中、いつか参加してみたいと思ったのが、毎年12月にハワイで開催されていた、ホノルルマラソンだったんです。参加したことがある人ならお分かりの通り、世界一のホスピタリティと言われるこのマラソン大会。昔はテレビで、芸能人がこの大会に参加した様子を番組にして、放送していました。マラソン初心者にもやさしくて、風景がきれいで、当時、庶民の憧れだったハワイにも行けて……という、いくつもの思いを同時に叶えてくれるホノルルマラソンにいつか出てみたいという思いを抱いて過ごしてきたんです。そして、大学1年生になったら、絶対行くと決めて、アルバイトをし、走り込みをして、その夢を実際に叶えたんです。お金がなかったので、滞在は2泊4日。ただ、本当に走るためだけのハワイ訪問でした。そんなハワイ・ホノルルの街を歩いていた時に、カラカウア王の銅像に出会ったんです。ハワイで「日系移民の父」と呼ばれている方ですが、僕はカラカウア王がどんな存在で、何をした人なのか、まったく知らなかったんです。何気なく銅像の背面に記された、日本語でも書かれた碑文には、カラカウア王と日本の関係と、この銅像が建てられた経緯などが記されていました。それを読んでなぜか感動して涙してしまったんですね。その時、自分は日本人なのに、日本のことをまるで知らないなって思ったんです。そして、帰国してから、**日本人として自分は何ができるだろう**って考えるようになったんですね。

そんなある日、偶然、国際交流団体STEPのことを知ったんです。アメリカの小中学校で日本の文化を紹介する親善大使を育成して派遣する活動を行っていた団体で、僕は直感的に「これだ！」と思って、問い合わせしたんです。ただ、このプログラムに参加するには、それ相応の英語力と日本の文化を紹介するためのさまざまな学習・講習があって、当時北海道在住だった僕には、かなり難しい環境だったんですが、何とか乗り越え、アメリカ・イリノイ州の田舎町、Ａｂｉｎｇｄｏｎに派遣されました。まさに「大草原の小さな家」状態の、隣の家まで数キロあるような農業を営むおじいさん、おばあさんの住む家にホームステイしながら、数キロ離れた小さな市街地にある小さな小学校で日本文化を教える授業を担当することになったのです。本物のアジア人を初めて見るというような人ばかりの環境の中で、日本という国は、自分が思っていた以上に小国で、世界2位の経済大国（当時）とは思えない知名度のなさに、日本の置かれている状況を垣間見ることができましたし、ここでの授業を通じて、僕自身が準備過程で学んだ日本の素晴らしさを再発見できたことが大きな財産となりました。その時、僕の進むべき道は自然と決まっていたのかもしれません。それは日本人の立場で、僕ができる方法で、国際貢献を果たすことでした。

ただ、その一方で、アメリカで感じた日本に対する感情の複雑さも知ることになります。やはり戦争に対する考え方や感じ方は人それぞれで、決して教科書に書いてあるような1つの歴史観では括れない、多種多様な考え方があることに気づかされたんです。政治が定める国の歴史観、学者が研究した学術的な歴史観、そして、一人ひとりの経験の基に築かれた個人の歴史観。どれが正しいかと言えば、どれも正しいと言えるでしょう。ですが僕は、僕が実際に出会って、見聞きした、個人の歴史観を大事にしていきたいと思っています。

なぜなら、自分は20数年間、韓国のエンタテインメントの仕事に関わる中で、何度もその歴史的な転換点に立ち会ってきましたが、例えば、日韓関係の改善に大きく寄与したドラマ『冬のソナタ』や主演のペ・ヨンジュンさんの貢献や、ＫＡＲＡや少女時代が、日本の若者たちの韓国観を変えたことが教科書に記される可能性はあるでしょうか？　僕からすれば、両国の政治家たちが、自分たちの利益のために、両国間の関係をいたずらに刺激していることよりも、こうした記録として記されないかもしれませんが、確実にその時、その瞬間、両国の人々を近づけた民間交流こそが、伝えられるべき歴史であると思っていますし、それを伝えることが僕の使命だと思っているのです。

ENDING TALK

おわりに

BEATS of KOREA! 어떠셨나요? (Beats of Korea、いかがでしたか?) そろそろお別れの時間です。

2022年末に『K-POPバックステージパス』という本を出して、実はやり尽くしたというか、もう本の執筆は無理だなって思ったんです。書きたかったことも書きましたし、自分の活動の中で、どうしても残したいと思っていた記録もしっかり記すことができたので。

でも、執筆が始まったと同時ぐらいに、今回の企画と編集を務めてくれたKADOKAWAの関さんから連絡があって「古家さんの本を作りたい」と……。その時は、僕も正直に「今、まさに自伝を執筆中なので、無理なんです」「でも、待ってくださるのであれば、これを書き終えたらやっても良いです」とお返事したんです。すると、本当に関さんから出版後、「そろそろ宜しいでしょうか？」という連絡があった訳です。粘り強く待ってくださった関さんには、感謝の言葉しか出てきません。

ところが、いざ書こうとしても、何を書けば良いのか全くアイディアが思い浮かばず、正直、迷いました。そんな時に『K－POPバックステージパス』を読んだ読者から、「本を読んでいるというより、古家さんが喋っているみたいな本でしたね」という声を数多くいただいたことを思い出したんです。そんな声を聞いて、「そうか、それが僕に出来ることではないか」と思ったんです。

自分は幼い頃からラジオＤＪになることが夢で、実際にその夢を叶え、言葉の世界で生きてきました。ですから、そんな僕の声、言葉が感じられる本にすれば良いのではないかと。そこで関さんに「読むラジオ」という企画を提案させていただきました。つまり架空のラジオ番組を、文字で表現する……そんな本にしたいと。ですから今回は、文字でラジオ番組を表現するために、デザインも、装丁も、構成も、１つのラジオ番組の体《てい》になるよう、こだわっています。そしてタイトルは、まさに僕の原点である、札幌のＦＭノースウェーブで２００１年からスタートさせた韓国音楽専門番組『Ｂｅａｔｓ－Ｏｆ－Ｋｏｒｅａ』から取らせていただきました。それは僕がこの番組を始めた当初の目的である「韓国のビートを届けたい」という目的と、この本で僕が伝えたいと思ったことが一致したからです。

ただ、そうは言っても、構成や内容を決めるのには困難を伴いました。ラジオ番組は、その時代、その瞬間、聴いて楽しめば良いですが、本は長く残るものであり、旬な内容を取り上げるには難しさがあります。そんな中、関さんから「じゃ、ネットを使ってアンケートを取りましょう」とアドバイスしていただいたんです。そこで本当のラジオ番組のように、メッセージや質問、好きなアーティストのアンケートや聴きたい曲のリクエストもXを通じて募らせてもらいました。するとあっという間に数千にも及ぶ回答が寄せられました。ただ今度はその中から、どれを選ぶかで、かなり苦労することになったんです。ですから、その中から少しでも普遍的に楽しめる話題やアーティストにターゲットを絞り込み、書かせていただいたつもりです。今回アンケートにご協力いただいた全ての皆さんに感謝申し上げます。ありがとうございました。

そして、ラジオ番組で要となるゲストに関しても、普通のゲストではなく、あっと驚く人にしたいと、あえてアーティストではなく、裏方で韓国エンタメを支える韓国のクリエイターさんに出ていただきたいと思い、今回、キム・ドフン（김도훈）さんとナ・ヨンソク（나영석）PD、そしてキム・イナ（김이나）さんという素晴らしい方々に、インタビューさせていただくことができました。その実現のために、JellyfishエンタテインメントJAPAN代表の배성민（ベ・ソンミン）さんと、韓国を代表する芸能事務所Antennaの代表であり、シンガーソングライターの유희열（ユ・ヒヨル）さん、egg is comingの장요한（チャン・ヨハ

ン）さん、ＲＢＷ ＪＡＰＡＮ代表の왕재웅（ワン・ジェウン）さん、株式会社ＨＡＲＵ代表取締役の전영철（チョン・ヨンチョル）さん、コーディネーターの송신혜（ソン・シネ）さん、ＢＳフジ編成部の鞍谷光さん、岡田沙耶さんには本当に感謝してもしきれない程のお力を貸していただきました。皆さんのご協力なくして今回の企画は成立しませんでした。この場を借りて改めて心から感謝申し上げます。また、プロモーションにおいてはサンミュージック出版の川口憲昭さん、翻訳作業においては尹世喜さん、朴美淑さんにご協力いただきました。진심으로 감사합니다. さらにサブタイトルで悩んでいた時に、僕がニッポン放送で担当している番組『古家正亨 ＫＴＲＡＣＫＳ』の構成作家である大竹将義さんに良いアイデアをいただけました。助かりました。最後に、この作業のために妻の허민（ホミン）と息子の遙には、大変な心配と苦労をかけたことに、申し訳ない気持ちでいっぱいです。いろいろありがとう。

今回、改めてこの本を読み返してみると、「共感」という言葉が数多く出てきます。まさにラジオは「共感」のメディアだと思うんです。今回は「読むラジオ」をテーマにこうしてお届けしてきましたが、少しでも皆さんとこの番組を通じて「共感」できる何かがあったなら嬉しいです。

今こうしてエンディングを迎えて、当初の目的が達成できたかどうか不安ですが、読者の皆さんが、読むラジオとして、この本を通じて、僕の声を感じていただけたのなら……韓国の熱いビートを感じていただけたのなら幸いです。

これからもこうして、少しでも長く、韓国のエンタメの魅力を「古家目線」で、伝えていけたらと思っています。

ということで「BEATS of KOREA」。ここまでのお相手は古家正亨でした。

여러분! 행복하세요!!（皆さん！ 幸せでいてください!!）

古家正亨（ふるや まさゆき）

1974年北海道出身。上智大学大学院文学研究科新聞学専攻博士前期課程修了。専門は韓国大衆文化、日韓文化比較論。2000年以降、ラジオ、テレビなどのマスメディアを通じて、日本における韓国大衆文化の普及に努め、韓国政府より文化体育観光部長官褒章を受章。また年200回以上の韓流・K-POPイベントのMCを務め、スターとファンの橋渡し役を20年以上に渡って続けている。現在もNHK R1「古家正亨のPOP★A」、ニッポン放送「古家正亨 K TRACKS」、FMノースウェーブ「Colors Of Korea」、テレビ愛知「古家正亨の韓流クラス」など、ラジオ・テレビのレギュラー番組を通じて、韓国大衆文化の魅力を紹介している。主な著書に『K-POPバックステージパス』（イースト・プレス刊）、『Disc Collection K-POP』（シンコーミュージック刊）など多数。

X（旧Twitter）　@furuyamasayuki0
Instagram　@furuya_masayuki

BEATS《ビーツ》 of《オブ》 KOREA《コリア》
いま伝《つた》えたいヒットメイカーの言葉《ことば》たち

2024年4月2日　初版発行

著者／古家《ふるや》 正亨《まさゆき》
発行者／山下 直久
発行／株式会社KADOKAWA
〒102-8177　東京都千代田区富士見2-13-3
電話 0570-002-301（ナビダイヤル）
印刷所／TOPPAN株式会社
製本所／TOPPAN株式会社

ISBN 978-4-04-605682-5　C0095